JN303771

メンタルトレーニングで いじめ を なくす

教室・相談室での対処&予防プログラム

加藤史子

図書文化

まえがき

　本書の執筆を思い立ったのは，いじめ自殺が頻発している時期でした。いじめは人を傷つけます。また，いじめによって傷つけられた傷が癒えず，大人になってからも苦しんでいて人にもたくさん出会いました。傷つけられた子どもたちの心が壊れていくのを黙って見ているわけにはいきませんでした。しかし，いじめは世間を騒がせているときだけ起きているのではなく，学校でも社会でも地域でも，いつでも，どこにでも起こりうるのです。

　いじめに出会ったとき，何ができるのでしょうか。

　まず第1に，心のコントロール方法を学ぶことです。これを身につけると，いじめられたつらい気持ちを自分の意志でコントロールし，つらさを軽減できます。また，自分の意志で感情をコントロールできれば，自分も人も傷つけずにすみます。心について学ぶことで自分の感情ともうまくつき合っていけるのです。

　第2に，苦手な人とどうやってうまくつき合うのかを学ぶことです。だれにでも苦手な人がいます。苦手な人とつき合うときの方法はたくさんあります。その方法を知らないと同じ失敗を繰り返しますが，方法を知っていれば相手との関係は，自分の意志で変えていけるのです。

　本書では，いじめが生じたときにいじめた子どもに対して行う指導と平行してできる「心について学び，いじめなくてもすむように成長できる教育実践プログラム」を紹介しています。また，いじめる子どもだけでなく，いじめられた子どもがつらい経験を乗り越えるためのプログラムも紹介しています。子どもたちには，本書で紹介したプログラムを使って，心の切りかえ方を学び，苦手な人とのつき合い方を身につけてほしいと思います。そして先生方には，最終的に，子どもたちが自分の夢に近づく行動をするための生産的な時間の使い方ができるようになるよう，サポートしていっていただきたいと思います。

加藤史子

メンタルトレーニングでいじめをなくす
目　次

まえがき／3

第1章　いま，なぜいじめ対応が必要か？……………………… 7

第2章　子どもへの指導と援助の考え方………………………17
　1．いじめている子どもへの指導と援助／18
　2．いじめられている子どもへの指導と援助／24

第3章　学級で行ういじめ対処＆予防のプログラム………………29
　1．いじめようとする気持ちをコントロールする
　　　怒りは相手のせいではない／31　　言葉の影響を考える／37
　　　いじめが将来に及ぼす影響／43　　心に栄養を与える／49
　　　自分の心を理解する／55
　2．いじめにつながる考え方を変える
　　　自分も相手も大切にする／59　　「違い」は「間違い」ではない／65
　　　怒りの感情と向き合う／71
　3．人間関係のスキルを身につける
　　　対立を乗り越える／77　　心のポジションを知る／83
　　　ほかの人と仲よくなる方法／89

4．いじめから意識の焦点を変える

　　　　いまの自分から夢を引き出す／95　　夢を実現する方法を考える／103

　　　　人生のスケジュールを考える／113

第4章　個別対応で行ういじめケアのプログラム ……………119
　　1．いじめられたつらさを受けとめる／120

　　　　呼吸のペーシング／123　　言葉のペーシング／127

　　2．いじめと向き合う心の体力をつける／130

　　　　「もう終わったこと」と考える／131　　未完了の想いを完了させる／133

　　　　自分の状況を見つめ直す／137　　意識の焦点を変える／141

　　　　解決方法を導き出す／145

　　3．できごとの印象を変えて乗り越える／149

　　　　記憶の構成要素を変える／151　　逆さ回しの方法／155

　　　　嫌な思い出の消去法／159　　過去を乗り越える方法／163

終わりに　子どもたちが本当に望んでいるもの ……………167

付録

　アレンジ・応用プログラム／41

　シナリオ・タイムマシントラベル／171

あとがき／172

第1章

いま, なぜ
いじめ対応が必要か？

いま，なぜいじめ対応が必要か？

●いじめはどこにでもある

　「学級でいじめが生じている。注意や指導をしても，状況は改善されない」
　「子どもたちの間で相手を傷つける言葉が飛びかっていて，いつかカッとした子どもが相手を傷つける事件に発展してしまうのではないかという不安を抱えている」
　「学級で特定の子どもを避ける行動が繰り返されているので，どうしてそんなことをするのかと注意したら，『流行だから』という言葉が返ってきて，その言葉にショックを受けた。相手の気持ちになって考えるよう指導したが，相手の気持ちを考えることもむずかしいようだ」
　「学年でいじめが生じていて，学年集会を開き『いじめをしてはいけない』という指導をしたが，いじめはいっこうにおさまらない」
　「テストで成績優秀者を貼り出すと，必ず上位の子どもがいじめにあう」
　「いじめが原因でPTSDになり，学校に来られなくなった子どもがいる。いじめは小学校2年生のときから続いていたらしく，中学校2年生で不登校になってしまった」
　「いじめが原因で不登校になり，その後の進路を切り開くことがむずかしい子どもがいる」
　「大人の見えないところで，いじめが繰り返されている。部活の時間にある子どもが排水溝に閉じ込められるという，重大事件になりかねないいじめが起き，部活の存続の危機になった」
　「複数の子どもから複数の子どもに対していじめが行われている。授業中も，授業以外でもいじめが行われ，担任1人ではいじめに対応しきれない」
　「いじめと犯罪の差がなくなってきている」
　これらは，全て小学校から高校までの私の知り合いの先生が語ってくれた言葉です。既に言われていることではありますが，いじめは，もうどこに生じてもおかしくない状況にあると思います。

●いじめが社会に及ぼす影響

「いじめ」というと，自殺がクローズアップされることが多いですが，いじめの影響は，それだけではありません。まず個人に影響し，それが徐々に社会全体へと広がっていくのです。具体的には，以下のような懸念があげられます。

① いじめによるうらみが更なるいじめを生み出し，いじめがますますエスカレートする。仕返しの犯罪も増える。
② いじめのショックから，不登校になり，将来の可能性が狭くなる。進学の道を閉ざされた結果，ニートになる可能性も高い。
③ いじめで苦しめられた人やいじめを目の当たりにした人が，人間不信になり，大人になってからも人を信じられなくなる。
④ いじめが多発する学校は行きたくない子どもが増えて児童生徒数が減少する。いじめ対策に追われて授業研究の時間が圧迫され，教育レベルも低下する。学級が崩壊し，学校が崩壊していく。
⑤ 社会が歪んでいく。社会に対しての絶望やあきらめが蔓延する世の中になる。秩序やモラルの低下により，社会も崩壊していく。

ほかにも影響を及ぼすかもしれません。どちらにしても，いま，いじめという現象で起きている問題を対処しなければ，将来もっと多くの被害者と悪影響が生じるでしょう。そのことに気づいて，社会全体で力を合わせて対処する必要があると思います。

●教師・保護者に共通する危機感

先生のなかには，「子どもたちのいじめがエスカレートして，いつか犯罪に発展してしまうのではないか，事件が起きるたびに次は自分の学級の子どもが起こしてしまうのではないかと不安になる」と言う人もいました。ある学校のカウンセラーは，子どもの事件が起きるたびに保護者から「うちの子どもは大丈夫だろうか」という心配の相談を多数受けるそうです。ある高校の先生からは，学校内でいじめが生じたので，いじめ対策の授業を行うよう指示を受けたという話も聞きました。

いじめの危機感は，教師にとっても保護者にとっても身近なところにあるのです。

●統計データにみるいじめ

　危機感が先行して，冷静にいじめに関する現状を捉えられていないことがあります。的確な対応をするためにも，まず，統計や調査で判明しているいじめの数と実態をみてみたいと思います。

　森田洋司・清永賢二『いじめ―教室の病い』（金子書房，1994年）によると，「これまでいじめたりいじめられたりなんらかのかたちでいじめにかかわってきた者の比率」は，小学校6年生で，77%，中学校2年生で62%であると報告されています。さらに，現在学級でいじめが発生していると認知している者が学級に70%以上いる学級は，全調査対象学級の97.7%に達していました。70%未満の認知率であった残りの学級でさえも，いじめの発生認知率は過半数を超えているという結果が報告されています。この調査結果は，1980年代のもので，やや古いのですが，その時点でも，もうどこにいじめが生じていてもおかしくない状況があったことを意味しています。

　最近のデータでは，2006（平成17）年の文部科学省のまとめがあります。公立の小学校・中学校・高等学校・および特殊教育諸学校におけるいじめの発生件数は，20143件で，小学校5087件，中学校12794件，高等学校2191件，特殊教育諸学校71件です。

　いじめが発生した学校数は，7378校で，小学校2579校，中学校3538校，高等学校1223校，特殊教育諸学校38校であり，全学校数に占める割合は，小学校11.3%，中学校34.6%，高等学校30.0%，特殊教育諸学校4.0%です。

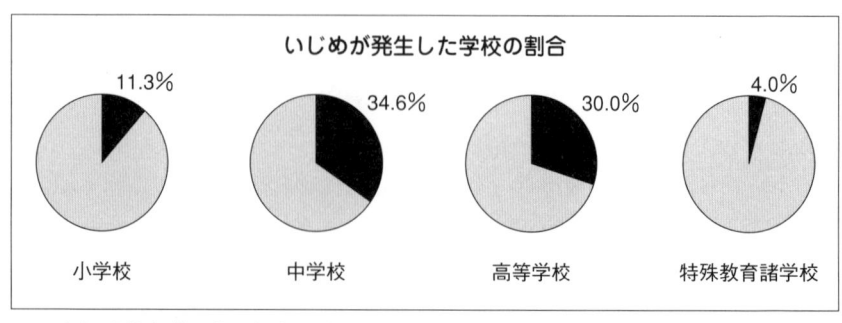

いじめが発生した学校の割合

小学校	中学校	高等学校	特殊教育諸学校
11.3%	34.6%	30.0%	4.0%

文部科学省「平成17年度　生徒指導上の諸問題の現状について」2006年より

また，河村茂雄は，2004年と2005年から2006年にかけて，全国の地域をランダムサンプリングして，延べ5万人の児童生徒を対象に，「Q-U」という標準化された検査などを使って，生活実態，学級集団の状態と学力の関係を調査し，同時に教師に関するアンケートを行いました。

この調査結果をまとめ，2006年12月に発表した『いじめの発生要件と防止の手だてに関する提言』では，「小学校では，いま『長い期間いじめられている』＋『とてもつらい』状態にある子どもが3.6％いることがわかった。これは40人学級で必ず1人は，長期にいじめられてとてもつらい子どもがいることになる」「中学校では2％で，8割の学級に長期にいじめられてとてもつらい子どもがいると理解できる」と報告されています。

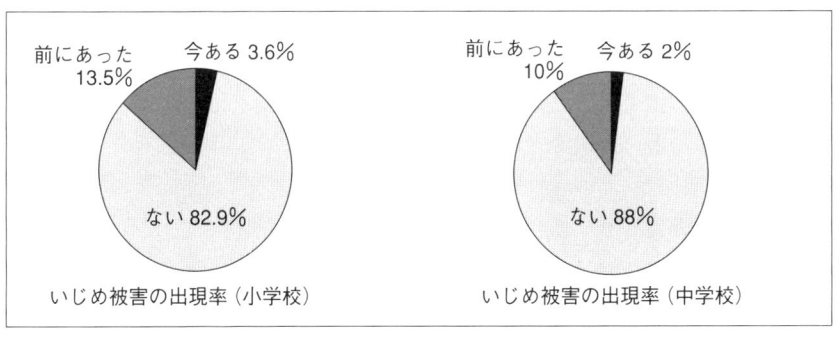

いじめ被害の出現率（小学校）
前にあった 13.5％
今ある 3.6％
ない 82.9％

いじめ被害の出現率（中学校）
前にあった 10％
今ある 2％
ない 88％

河村茂雄『いじめの発生要件と防止の手だてに関する提言』2006年より

「いじめはあってはならない問題だが，発生する可能性は常にあるという意識で対応することが求められる」と，データを踏まえた対応を考える必要があることが記されています。

●現代のいじめの特徴

考えてみれば，人類が発生してから，世界中で人の争いは絶えないわけですから，ずっと昔からいじめもあるのです。

しかし，いじめが社会問題になり始めた，1980年代ごろからのいじめは，それ以前のいじめとは違うところがあるようです。それを踏まえてこそ，的確な対応ができます。では，現代のいじめはどこが違うのでしょうか？

現代のいじめの特徴を森田・清永の著書を参考に，以下にまとめます。

①いじめる理由の拡大

いじめる理由の拡大には，2つの傾向があります。
- 「ムシャクシャするから」「面白いから」「スカッとするから」という，気晴らしやゲーム感覚でいじめる。
- 「成績のよい子」「正義感の強い子」など，子どものもつ特徴的なプラスの要素を気に入らないとしていじめる。

「ムシャクシャするから，いじめをせずにはいられない」これは，ある学校でいじめをすることを繰り返す子どもが私に言った言葉です。この子どもは，言葉や暴力でだれかを傷つけることを繰り返していましたが，その理由は「ムシャクシャするから」というものでした。ムシャクシャすればいじめてもよいという加害者意識の希薄化が特徴の一つです。

また，ある学校で，テストの順位を貼り出すと成績優秀者が必ずいじめられるということを聞きました。以前のいじめでもターゲットとなっていた子どものマイナスの特徴だけでなく，「成績がよい」「目立つ」こともいじめの理由になるのがもう一つの特徴です。

②ターゲットが変わる

あるいじめられている子どもが，「いじめられて，ひどいことされても仕方ないよ。いままで自分がいじめる側でしてきたから」と言ったことがあります。先生も，「あの子もひどいことをしていたのだから仕方ない」と言っていました。これはいじめの標的がどんどん変わっていることを示しています。

また，「いじめの標的にならないように，自分を守るだけで精一杯だった」という言葉もよく聞きます。いじめることを強要されて，いじめないと自分がいじめられることになるとか，いじめられるターゲットが，どんどん変わっていくので，自分を守るためにいじめに加担したり，見て見ぬふりをしたりするようになるという傾向があります。

つまり，いじめをやめさせるには，集団全体へ「いじめることのもたらす自分への影響を知る」アプローチと意識改革が必要だといえます。

③歯止めがきかない

1980年代以前のいじめには，比較的歯止めがありました。だれかが「もうやめとけよ」と言って悪ふざけ程度で止まったりするなど，心の中，集団の中

に，いじめに対する歯止めがあったと思われます。

しかし，現代のいじめには歯止めがきかなくなっているという特徴があります。人間関係が希薄になったため，人とのかかわり方の適度な加減ができず，ここまでやってはいけないという意識が欠如していたり，だれかが止めたりすることもできなくなっているのです。

④規模が大きい

ある学校の校長先生が「以前は，いじめた特定の子どもが注意や処罰の対象となっていたが，最近はいじめる人数の規模が大きく，役割もどんどん変わっていく。いじめた子どもを罰しようとすると学級全員に近い人数になってしまうので，処罰ができない状況にある」と話していました。いじめの規模が大きくなったのは，この学校だけではなく，多くの学校に同じような傾向があります。ですから，いじめの指導は集団全員にアプローチする必要があるのです。

⑤4層構造になっている

さきの校長先生の言葉のように，以前は，いじめる加害者側といじめられる被害者側の2つの立場がありました。現代のいじめは，そのほかに，いじめを面白がって見ている積極的是認と，見て見ぬふりをする暗黙的支持という4層構造から成り立っています。これは，いじめの発生や展開に大きな影響力をもっています。

ある子どもがいじめで不登校になりました。学校に行かない理由は，いじめた子どもだけではなく，いじめられているのに止めてくれなかった級友も許せないからだというのです。

このように，当事者だけでなく，周りの態度もいじめの展開や被害者の意識に大きな影響力を及ぼしていることがわかります。

⑥大人の目から見えにくい

いじめられているかどうかが，教師の目から見えにくくなっています。だれかに自分はいじめにあっていると伝えたり，だれかがいじめられていると伝えたりすると，いじめがもっと見えにくいように水面下にもぐり，もっといじめがエスカレートする場合も多いのです。そのため，いじめられていてもなかなか言い出せず，一人で悩んでいるケースが少なくありません。

子どもたちの様子に関する情報を複数の教師や大人で共有することも，いじめの早期発見に必要な対策といえるでしょう。

⑦非行や犯罪にも結びついている

いじめの種類は幅広く，いじめがエスカレートして気がつかないうちに犯罪に手を染めてしまうケースも増えています。

いじめに伴うことの多い恐喝，暴行，窃盗はれっきとした非行であり，犯罪行為であることを伝えることも必要です。また，いじめた相手を肉体的・精神的に追い込んで犯罪をさせる手口も増えています。

●いじめに対する手だての考え方

このように，いじめはどの学校・学級でも起こっているということを，統計や調査の結果から読み取ることができます。つまり，いじめはどこにでも生じることを前提に，手を打つ必要があります。また，だれが被害者になり，だれが加害者になるかがわかりにくく，対象が変化しやすいという現代的な特徴を考えると，集団全体に同時にはたらきかける必要があります。

あわせて，いじめが生じたあとの効果的な対処の仕方を確立しておくことも必要です。本書では，その両方の対応方法を提案したいと思います。

本書は，
①人間関係に伴う感情のコントロール方法を学ぶ
②いじめが自分や自分の未来に及ぼす影響を考える時間を提供する
③いじめが生じる原因である人間関係の未熟さを成長させる
④健全な人間関係に必要な学びを提供する

以上の4つを伝え，「いじめはしないほうがよいのだ」という気持ちを子どもの心に育てることをねらいとしています。そして，子どもが，健全で生産的な人間関係を築くスキルを身につけ，人間関係を良好に保ちながら社会を生き抜く準備ができるよう願っています。

●個を育てることで，集団全体を成長させる

私のNLP（神経言語プログラミング）の恩師である鈴木信市先生から，心理学者のマズローが弟子たちに言った言葉に，「人は自分のことを知れば知るほど，人に優しくなれる。だとすると心理学は，政治や宗教ができなかったこ

ともできるのではないだろうか」という内容の言葉があるとうかがいました。

　この言葉は，「人は自分のことや自分の成長につながることには関心があり，人は自分のためなら学んだり動けるものである。自己成長という枠で見ながら，自分を知れば知るほど，自分だけでなく人に対しても優しくなることができる。また，人は成長すれば，ほかの人とうまくやっていけるようになる。だとしたら，われわれのやっていけることはあるはずだ」という意味だと教えていただきました。

　本書で紹介するプログラムは，まさにこの言葉を現実化するものです。いじめをやめさせるだけでなく，子どもたちに自分のために自分を成長させる方法を身につけさせ，学級をいじめが発生しない集団に成長させることがねらいなのです。

　どんな人でも，いまよりも幸せになりたい，心が満ち足りたときを送りたいという欲求をもっています。そこで，その欲求にアプローチするのです。幸せになるために，もっと人とうまくつき合っていける方法を学び，成長する。それは同時に，ムシャクシャして人にあたるのではなく，自分の感情は自分の責任でコントロールできるようになるということであり，人間関係の葛藤や軋轢も乗り越えていける力を身につけることです。

　自分の「こうなりたい」というセルフイメージや夢を明確に考えさせることと，夢に向かっていくプロセスを具現化させ，それを応援することで，子どもたちのセルフイメージを高められます。

　未来を担う子どもたちのために，大人ができることは，いじめを罰するだけではなく，すべての子どもたちが幸せになる力をもてるように導くことです。ぜひ，プログラムを活用して，いじめをしなくてもすむ心の状態を勝ち取り，いじめに使っていた時間やエネルギーを自己実現のために生産的に使うことができるよう，子どもたちをサポートしてください。一人でも多くの子どもたちの明るい未来を切り開いていく力を伸ばしてほしいと思います。

第2章

子どもへの指導と援助の考え方

1 いじめている子どもへの指導と援助

　いじめが生じると，いじめを行っている子どもへの注意や指導で，いじめを何とかやめさせようと責める口調になってしまうこともあるでしょう。教師も人間ですから，弱い立場の子どもを守りたい気持ちが強いほど，いじめた子どもを責める感情が起こります。私にもそのような感情があります。

　しかし，あるときを境に，もう1つの見方が生まれ，あと半分の指導が足りないことに気づきました。

●「体罰」というキーワード

　私が在籍していた千葉大学大学院の学校教育臨床の授業で，体罰というキーワードが浮上したときのことです。このコースは，現役教師のための大学院で，大学院で自分を高めたいという意識の高い先生方が集まっています。

　その授業で，私は皆さんに「過去に体罰をした経験がある人はどのくらいいますか？」と聞きました。すると，私の予想に反して全員が手をあげて「ある」と答えました。もちろん最近に限った経験ではなく，長い教師生活を振り返って答えていたようです。

　「それは，どのようなときでしたか？」と続けて質問すると，「いじめが生じたとき，弱い立場の子どもを守ろうとして」という回答が圧倒的多数でした。教師が手をあげてしまいたくなるほどの衝動にかられたのは，いじめを何とかやめさせたいという思いからだというのです。

　そのあと，「体罰をした結果は，どうでしたか？」と聞くと，どの先生もよい結果は得られなかったとの返答でした。そして「もし，次に同じような場面では，体罰を行うと思いますか」という質問には，「体罰以外の方法をとるだろう」という答えでした。

　また，「体罰を受けた子どもは，その後どのような方向に進みましたか？」という質問の答えを聞いて私はとても驚きました。「体罰という指導では教師の伝えたいメッセージは子どもに届かず，かえって『教師に信頼されていない自分』というセルフイメージが強化されてしまった。その結果，問題行動を改

善するのではなく，自分を認めてくれる非行グループや暴力団などの人間と深くかかわるようになってしまった」という答えだったからです。

●いじめを行っている子どもへの援助の必要性

この一連の内容を聞いて，いじめを行っている子どもを単にしかったり体罰を加えたりするだけでは解決にならないのだと感じました。いじめられている子どもだけではなく，いじめを行っている側の子どもへも，別の面からの援助が必要なのです。

いじめを1つの機会ととらえ，「いじめに向けている負のエネルギーは，方向性を与えれば必ずプラスの方向に転換できる」と考えたことから私のメンタルトレーニングはスタートしました。

●部活動からのアプローチ

まず，目を向けたのは部活動です。ある中学校でスクールカウンセラーをしていたとき，カウンセリングルームに，いじめられている生徒が来ていました。そして，しばらくすると，その生徒をいじめているグループもカウンセリングルームに来るようになりました。

いじめを行っているグループの生徒たちはカウンセリングルームに来ても，暴言を吐き散らし，備品である大きなぬいぐるみに暴力的な行動をして壊すことを繰り返していましたので，対応を迷っていました。しかし，行動を見守りながらつき合っていくと，少し落ち着いてきて，徐々に人や物にあたるのではなく，カウンセリングルームに愚痴をこぼしに来るようになったのです。

そのうちに，「勉強も嫌いだし，先生も嫌い，イライラすることが多くていじめをせずにはいられない」と言ってくるようになりました。それに対しては，「そうなんだ。何がそんなにイライラするの？」と，ただ耳を傾けるようにしていました。そしてしばらくその状態が続いたある日，彼らが所属する部活動の顧問の先生に依頼されて，メンタルトレーニングを試しに行うことになりました。

このメンタルトレーニングは，いじめの解消が目的ではなく，試合での精神的な強さをつけることが目的だったのですが，私は，この機会を利用していじめを行っている生徒に，いじめという側面ではなく，部活動という違った側面から心を見つめ直す機会を提供したいと思いました。

彼らに行ったメンタルトレーニングは，
① 緊張したときややる気が出ないときでも，自分の感情をコントロールする
② 自分の夢を見つける
③ 夢は実現できると信じて，実現する可能性を高める
④ 実現するためにいまできることを見つけ，実行する
という，4つのプログラムでした。

このメンタルトレーニングは，3つの学校の約100名の生徒に行いました。私はメンタルトレーニングでどのような変化が生じたのか，2回のメンタルトレーニングが終了してから3ヵ月後に一人一人と面接をし，ヒアリング調査を行いました。2回のうち，いじめを行っている生徒が受けたのは1回でした。けれどもその効果は着実に変化として現れたのです。

ヒアリングの結果，その生徒は，「もういじめをする気がしなくなった。いままでイライラ，ムシャクシャしていた気持ちもなくなって，いまは自分の夢に向かって，空いた時間は腹筋や走り込みに使っている」と答えました。そして「いままで先生に注意されてムシャクシャしていたが，いまは注意されると自分のために言ってくれていると思えるようになってきた」と受け取り方に変化があったことを伝えてくれました。

また，興味深いことに彼だけではなく，ほかの数名からも「いままでは，けんかやいじめをしてきた場面で，『それをするとヤバイ』という声が自分の中から聞こえてくるようになった」という感想があいつぎました。夢が明確になると，いまの自分の行動が，自分を夢に近づけるのか，「なりたい自分」から遠ざけてしまうのかを判断する指針が自分の中にできるのです。これが，いじめを改善するためにとても有効な援助であると確信しました。

●ただ「いけない」では心に響かない

何が相手を傷つけるか，わかっていない子どもには，もちろんそれを教える必要があります。しかし，自分が「いじめている」という自覚があり，「いじめは悪いこと」とわかっていてもやってしまう子どもたちには，「いじめは悪いことだからやめよう」という指導だけでは足りないのかもしれません。

自分の心のバランスが崩れると，人を傷つけて自分を正当化してバランスをとろうとする子どももいます。そのようなときに，人を傷つけることは相手だけでなく，自分のことも傷つけていることと同じだという視点の指導をするこ

とも大切なのです。

●「自分に不利なことをしている」と気づかせる

　そのほかの事例を紹介します。小学校5年生の担任をしている先生から、「学級でいじめが生じていて、いじめをやめるように指導を繰り返してもいじめが収まらない。このままではいつか事件に発展してしまうような気がして不安だ。何かよい方法はないか」という相談を受けました。

　私は、その学級に対応するプログラムを実践しました。学校の方針でその学級だけではなく、同じ授業を1学級ずつ学年全体にということでしたので、5年生の2学級に同じ授業を行いました。

　45分という限られた時間のなかで、何が伝えられるのかわかりませんでしたが、本書3章で紹介しているプログラム「自分の心を理解する」（P.55参照）「言葉の影響を考える」（P.37参照）を行いました。

　この授業を終えて教室を出ようとしたとき、1人の子どもが泣きながら教室から出てきて、私に握手を求めてきました。その子が、いじめられている子どもでした。学級には、いじめられる子どもがいけないからいじめても仕方ないんだという空気があり、学級全体が1人に対して冷たい態度をとっていたのです。この授業のあと「いじめは自分のためにやめようと思う」という主旨の感想文と手紙が書かれた学級全員の手紙が届きました。

　もう1つの学級では、いじめが起きていたかどうかはわかりませんでしたが、こちらの学級の子どもの手紙にも、「妹や弟をいじめることはやめようと思います」という内容の文章が多くありました。

●認めて育てることで信頼関係を築く

　講演に行った学校のある先生に、「問題を起こす子どもも変わりますか？」という質問をしたところ、「子どもは必ず変わります。変わるためには仕掛けが必要なんです」という答えでした。どんな仕掛けが必要なのかを尋ねると、「子どもを教師が認めることができるようにする仕掛け」ということでした。

　その先生は、子どもに「……はむずかしいんだけど、君はこれをできるか？」と、子どもが少しがんばればできることを頼むのだそうです。そして、それを実行できたときは、しっかり認めていく、この繰り返しで信頼関係を築いていくのです。認めるところはしっかり認め、ゆずれないところは「これだ

けはしてはだめだ」と伝えるということでした。そうすると，生徒は信頼を失いたくないので行動を改善するのだそうです。

この先生は，認める仕掛けをつくってたくさんの問題行動を改善に導いてきたと教えてくれました。まさに，メンタルトレーニングと同じことをされていると思いました。認める切り口は何でもよいと思います。認めることによって，築かれた信頼関係がプラスに働くのです。

●具体的な夢をもつことで視点を変える

さきにあげた部活の例のように，自分の将来について考えることは，いじめから視点を変え，それに費やしていた労力と時間を自分のために使わせる効果があります。

スクールカウンセラーとしてかかわった，ある中学校で，仲よしグループのなかで，嫉妬を理由に，標的が次々と変わるいじめが繰り返されているグループが来ていました。自分もいじめる側にいたこともあるので，仕方ないと言っていましたが，この役割が変わるいじめをやめさせる方法はないか，また，いじめられている生徒の心の痛みを解消することはできないかと思い，そのグループに「将来何になりたいか」という質問をしてみました。すると，野球部で行ったメンタルトレーニングと同様，自分の夢ややりたいことに焦点が合うといじめから視点が外れることがわかりました。

●事例にみる夢に焦点を当てた指導の効果

自分の将来に焦点を当てた指導で成功している学校の事例を紹介します。

青森県のある中学校では，中学校1年生から2年生に上がるときに進級式を行っています。生徒たちは中学校1年生ですが，既にその段階で一人一人全員が立派な夢をもっているのです。進級式では，その夢を「私は，将来こういう人になります」と一人一人が宣言し，代表の生徒数名はその夢を現実にするために何ができるのかを作文に書いて読み上げます。その宣言する内容も作文の内容も，中学校1年生とは思えないくらいすばらしいのです。

そして，もう一つすばらしいと思ったのが，その進級式での姿勢でした。全員がまっすぐ背筋を伸ばして，だれ一人よそ見や無駄話をしている生徒がいなかったのです。そして，この1年自分が成長できたことを，先生方や親に感謝しているのです。

私は，そのあとに行う講演のために，進級式から出席したのですが，それを見て，感動して自分の講演前に涙が止まらなくなってしまいました。子どもたちと，こんなにすばらしい結果を出している学校の指導力に感動したのです。どうしてこのような指導ができるのかを校長先生はじめ数名の先生に聞いてみました。

　すると，この学校では，生徒の夢に焦点を当てた指導をしているというのです。たとえ問題が生じても，生徒指導の際に「……になりたいという夢はどうするんだ」ときくと，生徒はぶれないで問題を改善できるとのことでした。

　そして，もう一つ，夢を見つけやすい環境も整っています。卒業生にオリンピックのメダリストがいて，その先輩の存在を身近に感じていること，県内で進学率トップの高校がすぐ近くにあり，その学校に半数が進学するということで，自分の未来の目標が目の前に見えているのです。そのような環境と，自分の夢に焦点を当てる指導方針は，生徒たちの心の健康に大きく役立っているよい例だと感じました。

　もちろん，このほかにも大切な要素はたくさんあると思いますが，この夢を見つけ，夢の実現を援助するという方法は，いじめから意識の焦点を変えることに役立つと実感しています。

2 いじめられている子どもへの指導と援助

　いじめられている子どもに必要な援助は，まずつらかった体験を受けとめることです。その後，長い目で見たときに必要な援助は，今後いじめられない姿勢をつくっていくことと，自分の夢に焦点を合わせていくことです。
　つらかった過去よりも，希望に満ちた未来に焦点を当て，一緒に未来を見ていく姿勢はとても大切なのです。

●いじめられた経験のある子どもに必要なスキル

　いじめられた経験のある子どもと向き合っていると，そのうちの何割かの子どもは，現在のいじめがやんだとしても，今後もいじめの標的になってしまいやすい何かをもっているときがあります。
　もちろん，その何かをもっているからといって，いじめる理由にはなりません。ですが，繰り返しいじめという人間関係のもつれに巻き込まれるということは，人間関係をつくり，維持する過程に使用するスキルを，うまく習得していない可能性があります。これは，社会に出てからも必要な能力ですので，その子どものためにも，このスキルを改善したり成長を促したりするサポートが必要です。
　例えば，人を怒らせないで仲よくつき合うことができるコミュニケーションスキルや，自分の居心地のよい場所を確保するスキル，自分が自分でいて安心して存在できるスキルなど，人間関係を構築・維持するのに必要なスキルがあります。そのスキルをスキルとして身につけるというよりは，自然とそのスキルが身につくような介入をしていくことが必要です。
　これらのことを自然とできるようにする方法の一つが，「なりたい自分」という自分の夢に焦点を当てることです。

●問題解決から，将来の夢へ視点を変える

　ある中学校で，いじめられていると訴える2人組の女子生徒がいました。実際にいじめが行われていたので，いじめが改善されるように働きかけ，いじめ

は収まりました。

　ところが，その生徒たちはいじめの問題がなくなっても，家族の問題や家出の問題など，毎週，次から次へと問題を抱えてやってくるのです。そして「どうしたらよいでしょう」と聞いてくるので，そのたびにその問題と向き合う話し合いをしていました。

　あるとき，視点を変えて，「ところで2人は将来，何になりたいの？」と話題を変えてみました。すると2人は，初めて聞かれた将来の話題にとまどっている様子で沈黙が続きました。沈黙に耐えられなかった私が口を開こうとしたとき，1人が「私，写真家になりたい」と言いました。そして，しばらくして，もう1人が「私は，ペットを扱う仕事がしたい」と言いました。

　その後は，悩みの話は忘れたようになくなり，「写真家になるためにはどうしたらいいか」「ペットを扱う仕事にはどのようなものがあるか」という前向きな話で盛り上がりました。それからは，その将来の話をしにカウンセリングルームに来るようになりました。

　自分の夢をもつと目標が定まり，夢に焦点が合うとストレスや障害が気にならなくなります。そして，夢に近づくことで自分に自信がもてるようになると，自分の居場所を見つけ，人間関係も改善できるようになります。そうすると，ますますいじめが生じにくい環境になっていくのではないでしょうか。たとえいまいじめられていたとしても，いつか夢を実現して見返してやりたいという勇気にもつながっていくでしょう。

　また，人の夢を知ると自分も刺激を受けると同時に，人の夢を応援する気持ちにつなげていくこともできます。だれかが夢を実現することは，自分の夢も実現できるかもしれないという希望にもなります。このプラスの循環をつくりあげる潤滑油となり，夢は効果を発揮します。

●「恋愛」という要素—女子生徒へのアプローチ—

　「恋愛」という要素も「なりたい自分」という考えに大きな役割を果たします。特に，中学生くらいのいじめが生じやすくなる年齢では，恋愛も生活のなかの大きな要素です。自分の好きな人が違う人のことを好きだとわかって，相手が憎らしくなり，いじめに発展するケースも少なくありません。

　このような年齢では，恋愛を活用した視点の切りかえもできます。

　あるとき，カウンセリングルームで「好きな男の子はどんなタイプ？」とい

う質問をしたところ，それまで思い思いのことをしていた20名くらいの女子生徒が，いっせいにこの話題に食いついてきました。私は，一人一人が言った男の子のタイプを，壁に貼ってあった模造紙に書いていきました。すると，次から次に模造紙に書ききれないほど意見が出て，その場が１つの話題で結びついたのです。なかには，私が持っているペンをとって，自分で自分のタイプを書き込んでいく生徒までいました。男子生徒は見ているしかありませんでした。

十分に意見を出し切ったころあいを見計らって，女子生徒たちに「そういうタイプの男の子は，どんな女の子が好きかな？」と質問で流れを変えたとたん，女子生徒たちの様子がが一変しました。いままでは収集がつかないくらい，自分の欲求にそって人を責めたり大声でどなったりしていたのに，「やっぱりおとなしくて，色白で，頭がよくて……」と言いながら，理想の女性になりたくなってその場で日焼けどめを塗り始める生徒までいました。その変わりようは見ていておかしいぐらいでした。この体験は生徒たちにもインパクトがあったようで，その後何度も同じことを自分たちで繰り返していました。

このほかに，失恋したときにどうしていいかわからなくなって混乱している生徒には，個別に時間をとり，「もし，未来に自分がどのような女性になったら，自分のことを愛してくれる人が増える確率が上がるかな？」という質問をしました。そうすると，「優しくて，思いやりがあって，頭がよくて，かっこよくて，きれいで…」とその生徒の考える理想の女性像が出てきます。そして，「そのような人になるために，いまできることは何？」と聞くと，失恋した痛手よりも，「未来でなりたい理想の自分」に焦点が合います。

このように，理想の自分になるためにいまできることに意識を集中させると，考えを生産的な方向に導くことができました。その後もときどき声をかけて，その夢に向けての途中報告を聞くとよいサポートになります。

このアプローチは，いじめられている子どもだけでなく，いじめている子どもへも有効です。「失恋してやけになる」「やけになってムシャクシャして人をいじめる」というパターンから，「愛される女性になる」と意識を切りかえると，「なりたい自分」と同じ効果を発揮することがわかりました。女子生徒たちは，いまの自分ではなく明日の自分を夢見ることで現在の行動を変えていったのです。

●「恋愛」という要素―男子生徒へのアプローチ―

　男子生徒には，女の子が喜ぶデートコースをみんなで考えるという，違うアプローチをしました。

　思いつくデートコースをみんなに発言してもらいながら，否定せずに受け取って紙にマッピングのように書き出していくのです。未来のデートに焦点を当てると，何だか楽しくなってくるようで，これも壁に貼り出しておいたところ，その後も男子生徒たちが少しずつ書き足していくのが印象的でした。

　このアプローチによって，内向的だったある男子生徒はだんだん元気になってきて，自己表現をするようになりました。最終的には，みんなで作ったデートコースを応用してデート版すごろく（卓上版）を作り，みんなに得意そうに見せていました。このアプローチをきっかけに，楽しさや興味が変化していったことがわかります。

　いじめられなくなるために自分を変えるというのは，「いまの自分ではだめで，変わらないといけないんだ」という考えにつながりやすいので，つらく感じてしまうことがあります。しかし，焦点を自分の夢に変え，「実現できる自分になるために何をするか」と考える流れをつくると，自然とプラスの方向に切りかわります。

　また，中学生の段階では，「なりたい自分（職業）」と言われても，現実感がなく，効果が上がらないこともあります。そこで，職業だけでなく，広い意味で「今後どのような存在になるのか」を考えさせるために，恋愛という感情も活用できるのです。

第3章

学級で行う
いじめ対処&予防の
プログラム

●授業におけるペーシング

　ペーシングとは相手のペースに合わせることです。相手のペースに合わせることで，相手との無意識の距離感を縮め，信頼関係を築き，リーディング（誘導）しやすくなります。

　これは，1対1の対人関係だけでなく，授業でも同じことができます。授業が上手な先生はこの「子どもの理解の状態に合わせる」というねらいで，ペーシングを行っています。

　いじめについて考える授業でも，このペーシングを使います。いじめについて考える授業では，教師から正しい答えを押しつけるのではなく，子どもたち自身が自発的に気がつき，理解する必要があります。子どもたちに大切なメッセージを届けたいからこそ，まずは指導者のペースではなく子どもたちのペースに合わせるのです。そして，「この授業は面白い」「この人の言うことは聞いておこう」という気持ちを子どもたちに感じてもらいます。それから，大切なこと・伝えたいことを伝えることに効果があります。

　3・4章で紹介したプログラムのなかで，一見いじめにきくと思えなかったり，いじめのときにかける言葉だと思えなかったりするものがあると思いますが，これは大切なことを伝えるための手法なのです。

1 いじめようとする気持ちをコントロールする
怒りは相手のせいではない

●概要

　自分が苦しんでいることを「あの人のせいで苦しい思いをしている」と考え，相手を責めることがあります。これがいじめに発展することもあります。
　しかし，感情は自分の内面からわき起こるもので，相手の言動だけで引き起こされるのではありません。事実をどう受け取るかで，感情は大きく変わります。このプログラムでは，人によって受け取り方（心の声）が違うことを知り，受け取り方を変えることで，感情をコントロールする方法を学びます。

●プログラムの考え方

　同じように注意されても，「自分が悪いから注意された」「相手が悪いから自分が注意されるはめになった」「自分のためを思って注意してくれた」など，人によって受け取り方が違い，感じる感情も違います。つまり，受け取り方や考え方次第で，不快な感情もコントロールできます。感情が生じる仕組みを知り，受け取り方を意識的に変えて，感情をコントロールすれば，人のせいにしたり，自分を責めて落ち込んだりしなくてもよくなります。事実の受け取り方を変えることを，リフレーミングといいます。

●実践エピソード

　私はこのプログラムをとても重要だと考えていますので，どの学校に呼ばれても行うことにしています。すると，ほとんどの子どもと先生から，「心の声が大切だったんだ。心に声があるのは知らなかった。これから心の声をマイナスからプラスに切りかえながら，自分の心を強くしていこう」という言葉を聞きます。また，「いままでは感情に振り回されてきたけれど，これからは心の声を切りかえれば自分の感情は自分でコントロールできるんだ」という安心感を得たという話もよく聞きました。

1 いじめようとする気持ちをコントロールする

ねらい
☆心の仕組みを知り，事実の受け取り方（心の声）を切りかえて，不快な感情をコントロールできるようになる。

時　間	活動内容	留意点・準備物
0：00	【導入】 ・授業のねらいの説明を聞く。	
0：05	【怒りたくなるとき・泣きたくなるとき】 ①感情が起こるときの状況を考える。 「どういうときに怒りたくなり，どういうときに泣きたくなりますか？　だれでも怒りたくなったり泣きたくなったりすることがあります。人間には，いろいろな感情があります」 ②感情はコントロールできることを知る。 「心の仕組みを知り，感情のコントロール方法を学びましょう」	・「感情」に焦点を当てて，考えさせる。
0：10	【こんなとき，どう感じる？】 ①「こんなときどう感じる？」ワークシートの5つの場面で，自分の心の声は何と言うか，そのときの感情はどんな感情かを考える。 ②グループシェアリング：グループで，同じ場面でそれぞれどう感じるかを発表し合い，お互いに違いがあることを確認し合う。 ③全体シェアリング：グループごとに確認し合った気づきをまとめ，代表が発表する。	・「こんなときどう感じる？」ワークシート（P.35） ・同じ状況でも，心の声・感じ方は人によって違うことを確認する。
0：25	【感情をつくり出している心の仕組み】 ①「テストで悪い点をとった」場面では，心の中でどういう声が聞こえてくるかを考える。 「『心の仕組み』ワークシートに，思い浮かんだ心の声を記入しましょう」 ②全体で発表し，ほかの人の心の声を知る。 「考えた心の声を挙手して発表してください」 ③自分で考えた例と，全体で発表された例につ	・「心の仕組み」ワークシート（P.36） ・2分ほど時間をとる。 ・意見は黒板に書き出す。 ・記入し終わった

	いて、その声のときに感じる感情は何かを考え、ワークシートに記入する。 「『どうしよう。わかんない』は不安、『何でこんなむずかしい問題出すんだ』は怒り、『親に怒られる』は恐怖、『とってしまったものは仕方ない』はあきらめを感じても不快感を引きずらない、と感情に違いがあります」 「同じ状況でも心の声は人によって違います。心の声に気づいて意識的に変えられれば、感情をある程度コントロールできます」	ら、感情を引き起こす心の声について、子どもに身近な例をあげて説明する。 ➡ 応用：P.41(1)
0：30	【不快な感情をコントロールする】 ①よく感じる不快な感情について考える。 「よく感じる不快な感情は何ですか？ そのときの心の声は、何と言っていますか？」 ②心の声を切りかえる質問をする。 「心の声を切りかえれば、感情をコントロールできます。ワークシートの左の欄に、『こんなときどう感じる？』ワークシートに書いた心の声を書きます。そして、これを切りかえるとしたら、どう切りかえられるか、考えて右の欄に書きましょう」 「この質問で、切りかえた心の声を、『プラスの言葉』といいます」	・不快な感情は心の声によるものだと確認する。 ・**「心の声」ワークシート**（P.36） ・考えつかない場合「質問ワークシート」（P.140）を使って例外を考えさせるとよい。 ➡ 応用：P.41(2)
0：40 0：45	【まとめ】 ①感想をグループで話し合う。 ②グループで話し合った内容をまとめ、各グループの代表が全体に発表する。 ③まとめ：「今日学んだことは、『感情は自分でコントロールできる』ということです。感情をつくり出す心の声を切りかえると、苦しい時間を減らし、楽しい時間を増やせます。また、プラスの言葉のストックをたくさんつくっておくと心の声が切りかえやすくなります。ほしい人間関係や望む結果を手に入れるために、自分の意志で感情をコントロールすることは大切なことです。今日学んだことを、自分のために活用してください」	

1 いじめようとする気持ちをコントロールする

●実践のポイント

　子どもたちが想像しやすいいくつかの具体例を使って説明することがポイントです。いじめや対人関係だけでなく，テストやスポーツの場面でも同じことがいえますので，まずは子どもたちにとって身近な出来事を例に説明します。

　そして「『ノートをなくされてムカついたからいじめる』はマイナスの言葉で，この心のままでは，不快な感情を感じ続けることになります。この心の声を切りかえて，『ノートをなくされて悲しいけど，もう一度探してもらうか，書いた内容を周りの人のノートを見せてもらって取り戻そう』と考えれば，事態に対処することに意識が移って，不快な感情を感じ続けることはなくなります」と説明します。「心の声」ワークシートで，心の声をプラスに切りかえる練習をし，プラスの言葉のストックをつくっておくと，気持ちを切りかえたいときに役立てることができます。

●アレンジ・応用の方法

　私がこのプログラムを行うときは「言葉の影響を考える」（P.37参照）と組み合わせて行います。まず，このプログラムで心の声や心の仕組みを理解します。そのあと，心の声がどれくらい自分に影響を与えているのか，「言葉の影響を確かめる実験」で体を使って確認し，実際にどのような影響があるかを考えると，子どもたちにはとてもインパクトのある学びとなるのです（組み合わせた応用プログラムの進め方はP.41参照）。

●実践後のフォローアップ

　いじめている子どもは，自分のいらだちを相手のせいにし，それをいじめの原因として正当化する場合があります。腹が立っているのは相手のせいではなく，自分の受け取り方で不快に感じていることに気づかせる必要があります。

　また，逆に何でも自分のせいと考え，自分を責める子どもがいます。いじめられている子どもはこのように考えてしまうかもしれません。この考え方も，自分を追い込んで苦しくさせますので，修正する必要があります。

　どちらの考え方も，必要以上に不快な感情を感じます。具体的な例を用いて「心の声」の切りかえを朝の会・帰りの会などで定期的に行い，感情のコントロール方法を理解しながら，考え方を修正できるように援助していきます。

第3章 学級で行ういじめ対処＆予防のプログラム

こんなときどう感じる？

(1) 以下の5つの状況(きょう)を思(おも)い浮(う)かべ，そのときどのような心の声がしているのかに耳(みみ)を傾(かたむ)けて，書いてください。そして，そのとき感じている感情は何かも書いてください。

状況	心の声	感情
テストでいつもより悪い点数をとってしまった		
兄弟（友達）とけんかをして，怒(おこ)られた		
友達がみんなで遊びに行く相談をしているのに，自分は誘(さそ)われない		
頼(たの)まれて貸した大切なノートを友達がなくしてしまった		
自分の失敗について悪口を言っている声が聞こえた		

(2) 書き出した内容をながめて，5つの状況で自分の感じ方に共通点があるかどうかを探ってみましょう。

(3) 近くの人と3〜4人で，どのような共通点が見つけられたか，または見つけられなかったのか話し合ってみましょう。

(4) まとめ
・感じ方には一人一人違(ちが)って，同じ状況でもその人が一番感じやすいパターンで反応していることがわかります。
・同じ状況でも，怒りを感じる人，悲しみを感じる人，絶望感を感じる人，そんなに不快な感情にはならない人がいるのです。

1 いじめようとする気持ちをコントロールする

心の仕組み

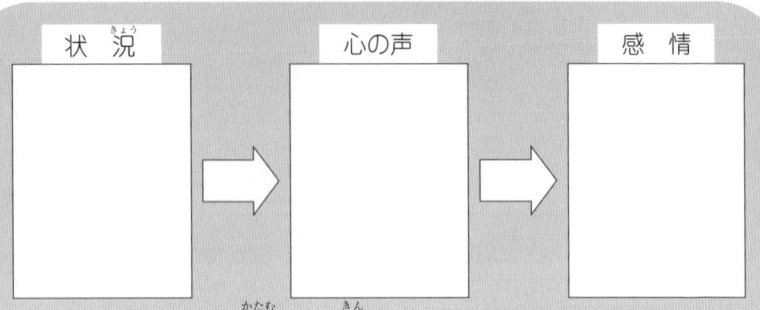

状況(きょう)	心の声	感情

・心の声がマイナスに傾(かたむ)くと,緊(きん)張したり不安になったりと,不快な感情が強くなる。
・心の声を意識的にプラスに切りかえることで,感情に振(ふ)り回されずに落ち着いて,状況に向き合うことができる。

心の声

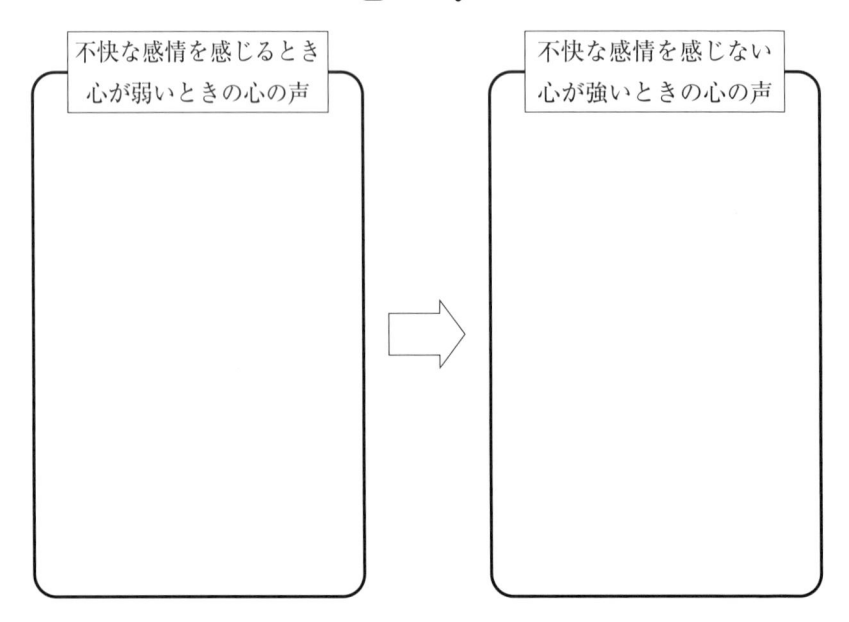

不快な感情を感じるとき 心が弱いときの心の声	不快な感情を感じない 心が強いときの心の声

1 いじめようとする気持ちをコントロールする
言葉の影響を考える

●概要

　いじめが生じると「相手のことを考えてやめるように」と指導します。この指導は必要だと思います。しかし，その一方で，それだけではいじめが終息しない現状もあります。子どもたちはいじめはいけないと知っていても，やめることができないのです。
　そこでこのプログラムでは視点を変え，「他人をいじめることは自分にどのような影響をもたらしているのか」を考えさせます。

●プログラムの考え方

　いまの子どもたちには，相手の立場にたって考えることが不得意な子どもが少なくありません。そのため，「相手の気持ちを考えて」と言われても具体的に思い描けず，効果が上がらないのです。また，いじめを正当化することもあります。「相手が悪いからいじめられてあたりまえ」「相手が自分の思いどおりにならないから」「相手が自分を不快にさせるから」と考えるのです。この場合，子どもは，相手の気持ちより自分の気持ちを優先しています。
　いじめている子どもが，自分を正当化していると，「いじめは相手のことを考えてやめましょう」と言ってもやめられず，表面には見えないいじめに悪化することもあります。そこで発想を転換して，自分への影響を考えさせます。

●実践エピソード

　相手の立場を考えるのが不得意な子どもでも，「自分への影響」となると，具体的に考え，かつ身近に感じ取れるようです。自分への影響という視点をもった子どもはほとんどいませんので，「自分に影響がある」ということが新しい発見であり，驚きとなります。このプログラムは小学生から高校生まで，実践したどの年代でも効果があります。子どもの感想からは驚きと，いじめを自分のためにやめようと決心している様子がうかがえます。

1 いじめようとする気持ちをコントロールする

> **ねらい**
> ☆ふだん何げなく使っている言葉が,相手だけでなく自分にどのような影響を与えているのかに気づく。

時　間	活動内容	留意点・準備物
0:00	【導入】 ・授業のねらいを知る。	
0:05	【言葉の分類】 ①ふだん使っている言葉について考える。 「皆さんはふだんどんな言葉を多く使っていますか？　よく使う言葉をふせん1枚に1つずつ,3枚書いてみましょう」 ②書いた言葉を分類する。 「『自分や相手にとってマイナスの言葉』『自分や相手にとってプラスの言葉』『マイナスでもプラスでもない言葉』の3つに分け,前に来て黒板に貼ってください」 ③貼り出したふせんが,どのような比率で分類されたのか,黒板を見て考える。 ④分類したものを見て気づいたことや感じたことを,挙手して発表する。	・ふせん1人3枚 ・「自分が使っている言葉」に焦点を当てる。 ・どんな言葉か例をいくつかあげる。
0:20	【言葉の影響を確かめる実験】 「言葉が自分の体にどのような影響を与えているのか,実験をして確かめます」 ①2人組になる（1人をA,1人をBとする）。 ②Aが,腕に力を入れ,BはAの腕を押してどのくらいの力が入っているか確認する。 ③次に,Aは自分の指の先から光線が出ているところをイメージする（または,何か目標物を決めて指先をその目標物に向けていることを意識する）。Bは,同様にAの腕を押して,力の強さを確認する。 ④Aが③と同様に指先から光線が出ているところをイメージし,マイナスの言葉を言う。Bは③と比べてどのような違いがあるのかを腕を押して確認する。	・代表2人にモデルとして実際にデモンストレーションさせ,手順を説明する。

	②腕に力を入れる。 ③指先から光線が出ているとイメージする。 ④マイナスの言葉を言う。「きもい ウザい」 ⑤プラスの言葉を言う。「すごいじゃん かわいい」 ⑤次に、Aが④と同じ状況でプラスの言葉を言い、Bは④と比べてどのような違いがあるのかを腕を押して確認する。 ⑥AとBの役割を交代して同様に行う。	➡ 応用：P.42(3)
0：30	【人に対して言った言葉の影響を考える】 ①学級全体で、実験してどう感じたかを振り返る。 「うまくいった組は、マイナスの言葉を使うとパワーが奪われ、プラスの言葉を使うとパワーが戻ってくることを感じられたと思います」 ②実験の感想を2人組で話し合う。 ③話し合った内容や気づきを、全体に発表する。 ④人に対して言うプラスの言葉・マイナスの言葉にはどんなものがあるかを考え、発表する。 「このような言葉を言ったとき、自分はどのようなことを感じていますか」 ⑤言葉が、自分に及ぼす影響を知る。 「自分の心の声だけでなく、人に言った言葉も自分に影響しているのです」	・成功率は7割ほどで、成功しない場合もあることを伝える。 ・何組か指名して発表させる。 ・指名して発表させ、意見は板書する。 ➡ 応用：P.42(4)
0：40 0：45	【まとめ】 ①言葉が与える影響を確認する。 「『キモイ』『バカ』『無理』などのマイナスの言葉は、相手を傷つけると同時に自分のパワーも奪っていることを確認しました」 ②今後どうするとよいかを考える。 「言葉の影響を知ったので、今後は、自分のためにも言葉を選んで使ってください」	➡ 応用：P.42(5)

1 いじめようとする気持ちをコントロールする

● **実践のポイント**

「大切なことを伝えたい」という気持ちで向き合う

　ポイントは，はじめからいじめを行った子どもを罰する気持ちで行わないことです。このプログラムは，いじめを行う側に強く働きかけるものです。そのため，実際にいじめが生じたときにこのプログラムを行うと，どうしても「いじめを行っている者を罰するためにこの授業をしているのだ」という気持ちで子どもたちと向き合ってしまうことがあります。

　しかし，その気持ちが教師にあると，伝えたいメッセージが，一番伝えたい相手に届かなくなります。罰するというより，大切なことをみんなのために伝えたいという気持ちで向き合うことが大切です。

理屈でなく体で感じる

　このプログラムでは，理詰めで説得するだけでなく，体で確かめること，目で見て感じることが大切です。

　ふだんは何も意識しないで使っている言葉は，相手を傷つけるだけではなく，自分にも影響しているという気づきを促し，自分のために自発的に言葉を変えることが大切だと伝わるようにプログラムを進めます。

　だれでも，ときには間違ったことをしたり，人に対してよくない言葉を使ってしまったりすることはあります。そのときに，言葉の影響を知らずに感情のまま暴言を続けるのと，言葉の影響を知って自分の言葉をコントロールしようとするのでは大きな違いがあります。

　小・中学生のうちに言葉の影響に気づくことは，その後の人間関係や生き方に大きな違いを生み出します。その大切さを伝えます。

● **実践後のフォローアップ**

　言葉の影響を体で確かめる実験は1回しかやりませんが，インパクトがあるので，子どもたちは家庭で家族を相手に試しているようです。

　また，「怒りは相手のせいではない」（P.31参照）と組み合わせて行い，プログラムを行ったあと，ふだんの会話で「いまのはプラスの言葉かな？マイナスの言葉かな？」や，指導者がモデルとして「いまのはマイナスの言葉だったかもしれないからプラスに切りかえてみよう」などと声をかけ，常に意識させるとよいでしょう（組み合わせた応用プログラムの進め方はP.41参照）。

第3章 学級で行ういじめ対処＆予防のプログラム

レンジ・応用プログラム

> **ねらい**
> ☆心の仕組みを理解し，不快な感情のコントロール方法を身につける。
> ☆ふだん使っている言葉が，自分にどのように影響しているかを知る。

時　間	活動内容	留意点・準備物
0：00	【導入】 ・授業のねらいの説明を聞く。	
0：05	【気持ちや感情の種類を書き出すゲーム】 ①ゲームを通して，知っている感情を書き出す。 「配った紙に思いつく気持ちや感情を書き出してください。3分間でどれだけたくさん書けるか競争です。気持ちや感情とは，うれしい・悲しいなどです」 ②書き出した数を数え，教師の質問に応じて挙手する。 「それでは数を聞きます。×個以上書けた人？」 ③一番多く書けた人の感情を知る。 「今回の1位は×個です。×個書いた○○さんにどんなことを書きましたか？」 「ここに書いた感情や気持ちはどれも大切です。けれども長く感じると苦しくなるものもありますね。今日は，この苦しくなる感情をコントロールする方法を学びます」	・A4紙1人1枚 ・ストップウォッチか時計 ・子どもが発表した感情を表す言葉を板書する。 ・板書しながら，快・不快の感情に分類していく。
0：10	【感情をつくり出している心の仕組み】(1)	← P.32参照
0：15	【不快な感情をコントロールする】(2)	← P.33参照 ・プラスの言葉を書き出す作業は，2分ほど時間をとる。 ・数名を指名して，全体でプラスの言葉をシェアリングする。

41

0：25	【言葉の影響を確かめる実験】(3)	← P.38参照
0：35	【人に対して言った言葉の影響を考える】(4)	← P.39参照
0：42	【まとめ】(5)	← P.39参照

　これは，「怒りは相手のせいではない」(P.31参照) と「言葉の影響を考える」(P.37参照) を 1 時間で行う場合のプログラムです。この 2 つのプログラムは，組み合わせて行うと効果が増しますが，2 時間分の時間をとることができない場合は，このように，2 つのプログラムから要素を抜き出して行うこともできます。

● 1 時間で行う場合の留意点

　1 時間で行うときは，導入にゲームの要素を取り入れます。これは，競争にすることで，短時間で集中して感情について考え，理解を深められるためです。ただ，このゲームは，子どもたちがある程度感情について知識をもっていることが前提になります。

　子どもたちの実態に応じて，必要があれば，考えさせる時間を多めにとります。心の仕組みと，言葉の影響のそれぞれについて，子どもたちの理解が追いつかない場合は，無理に 1 時間にまとめず，1 時間ずつプログラムを行います。

1 いじめようとする気持ちをコントロールする
いじめが将来に及ぼす影響

●概要

　いじめの原因は、「気に入らない」「ムシャクシャする」などの衝動的な感情から生じることが多いようです。そこには、「いじめを繰り返すと、自分や自分の未来にどのように影響するのか」という考え方がありません。

　このプログラムでは、子どもが、自分にとって何が必要かを判断できるようになることをねらい、いじめにかかわる6つの質問をします。この活動を通して、いじめることや周囲でいじめが起こることの影響を学級全員で考えます。

●プログラムの考え方

　質問を効果的に使う方法は、NLP（神経言語プログラミング）やそのほかの心理学でも利用されています。質問をうまく使うと、見落としていたことや考えが及んでいないことに気づかせ、相手の意識を誘導することができます。教師の考えを言って聞かせるよりも効果的に、大切なことに気づかせ、子どもの心に届く指導ができるのです。

●実践エピソード

　私自身も質問を使って必要な気づきを得るという手法を多く取り入れています。講演先で、ある先生に「荒れている学校での効果的な対処の仕方はありますか？」とうかがったところ、このプログラムと同じような質問を子どもたちに投げかけて、「自分たちにとって何が得で何が損なのかを気づかせる」実践をして、荒れている学校を立て直した経験があるということでした。

　この事例のように、質問を使うと、自分たちにとってどのような状態でいることがよいことなのかを気づかせることができるのです。

1 いじめようとする気持ちをコントロールする

> **ねらい** 👆
> ☆いじめは自分にどんな影響があるのか具体的に考え，「いじめをやめたほうが自分のためによい」ことに気づかせる。

時　間	活動内容	留意点・準備物
0：00	【導入】 「いじめが，自分や自分の未来にどんな影響を与えているのか考えていきましょう」	
0：05	【いじめを考える6つの質問】 ①「6つの質問」ワークシートを見る。 「ワークシートを使って具体的に考えてみます。自分の周りでいじめが起きている，あるいは，自分がいじめている・いじめられていると仮定して，質問の答えを考えます」 ②教師が質問を読み上げ，自分で考えた答えをワークシートに書き込んでいく。 「1つの質問につき，考える時間を2～3分とります。1問ずつ，それぞれの状況で考えられることを明らかにしていきます」 「このワークシートは集めません。だれも見ませんので，思ったことをそのまま書いてください」 ③すべての質問に答えて書き終えたら，1問ずつ，教師のヒントを聞きながら，自分の答えについて考える。 **教師のヒント例** 質問①：「いついじめに巻き込まれるかわからないですね。そんなときは，何に気をつけますか？ 勉強に向ける意識はどうなるでしょうか」 質問②：「いじめは，いつ終わるのでしょう」 「いじめているときも，刻々と時間が過ぎていきます。例えば，毎日30分，1時間といじめに時間を使っていたとして，この時間を使えばそのほかにどんなことができるでしょうか？」 質問③：「ふだんいじめをしている人が親切に	・「6つの質問」ワークシート（P.47） ・ストップウォッチなど ・模範回答ではなく，子ども自身が考えた答えを書き込める雰囲気をつくる。 ・いじめを行うと，自分や周りに必ず影響が出ることに気づかせる。 ・ヒントは，子どもが気づきにくい視点のものを提示する。

	してくれました。どう感じますか？」「いじめは，周りの人もよく知っています。いじめている人の家族は，どう思われるでしょう」 質問④：「いじめが起きたら，先生たちは全力で対応します。いじめが続かないよう，ほかの先生と協力して，学級をよく見て，必要な対応をします。ところで，この対応に使う時間は，いじめのない学校生活で，先生たちがどんなことに使っている時間でしょうか」 質問⑤：「いじめを続けていると，自分の意識はどこに向きますか？ いつも考えていることは何でしょうか」「いじめが発覚しました。その人に対する評価はどうなりますか」 質問⑥：「質問⑥は，皆さんが考えることなので，ヒントはありません。自分の行動は自分で決められます。いま，すべきことは何か，答えは皆さんの数だけあります。未来のために時間を使うことも，無駄遣いすることもできます。先生は，夢の実現のために時間を使ってほしいと思っています」 ④ヒントを聞いて，気がついたことがあれば，ワークシートに書き込む。 「ヒントを聞いて，まだ見落としていたことがあったと気がついたら，ワークシートに書き込んでください」	・ヒントは正解ではなく，一意見であることを伝える。
0：40 0：45	【まとめ】 ①授業を振り返る。 「今日は質問を使って，いじめがもたらす自分たちへの影響を考えてみました」 ②質問を終えての感想を発表する。 「この質問は，いじめのデメリットに気づいてほしいと思って行いました。時間は平等なので，全員が同じように大人になるために大切な時間を過ごしています。いじめにその時間を使うことの意味を考えてください。いじめたくなったときには，限りある時間を自分のためにどう使えばいいのか，ひとまず考えてほしいと思います」	・数名を指名して，発表させる。

1 いじめようとする気持ちをコントロールする

●実践のポイント

どのプログラムにもいえることですが,「このプログラムを通して何を伝えたいのか」ということを確認してから行うと,ぶれずにメッセージを相手に届けることができます。このプログラムでは,特に教師が伝えたいことを強く意識して行うのがポイントです。

子どもたちに伝えたいことは,いじめは百害あって一利なしということです。いじめられている子どもだけではなく,いじめを行っている自分は「損をしている」ことに気づいてほしいのです。自分を大切にし,自分の未来のために自分の時間も大切にすることがよいと気づいて,夢を実現する指導へと結びつけます。

●アレンジ・応用の方法

今回は,6つの質問をメインに,いじめが起きると自分にどんな影響があるのかを考える構成にしました。各質問で気づいてほしい具体的なねらいは,P.48を参照してください。

質問の内容は,この6つに限らず,指導する学級・学校の実情に合わせて「いじめを防ぎ,止めるために効果的だ」と思う質問を使うとよいでしょう。

●実践後のフォローアップ

このプログラムは,いじめが起きていることを仮定して考えさせるものですが,実際にいじめが起きたときにも,使うことができます。また,このプログラムは行ったあと,ワークシートに記入した内容をもう一度見直してみることができます。プログラムのなかで自分の考えを確認し,事後に見直しをすることで,子どもの心に「いじめは自分にとってよくない」という指針をしっかりとつくることができます。

6つの質問

(1) もし,いじめが繰り返し行われたとして,そのような状態が続くと,自分や周りにはどのような影響があるでしょうか。

```
┌─────────────────────────────────────────┐
│                                         │
│                                         │
└─────────────────────────────────────────┘
```

(2) もし,自分がいじめる側にいるとして,いじめを繰り返していると自分はどうなっていくでしょうか。

```
┌─────────────────────────────────────────┐
│                                         │
│                                         │
└─────────────────────────────────────────┘
```

(3) もし,自分がいじめを繰り返していると,周りの人たちは自分をどう思うでしょうか。

```
┌─────────────────────────────────────────┐
│                                         │
│                                         │
└─────────────────────────────────────────┘
```

(4) もし,先生がいじめの対応に追われていたとしたら,自分にはどのような影響があると思いますか。

```
┌─────────────────────────────────────────┐
│                                         │
│                                         │
└─────────────────────────────────────────┘
```

(5) いじめを繰り返していると自分の未来はどうなっていくでしょうか。

```
┌─────────────────────────────────────────┐
│                                         │
│                                         │
└─────────────────────────────────────────┘
```

(6) いまの時間が繰り返されて,未来ができていきます。いま,未来のためにしたほうがよいこと,できることは何でしょうか。

```
┌─────────────────────────────────────────┐
│                                         │
│                                         │
└─────────────────────────────────────────┘
```

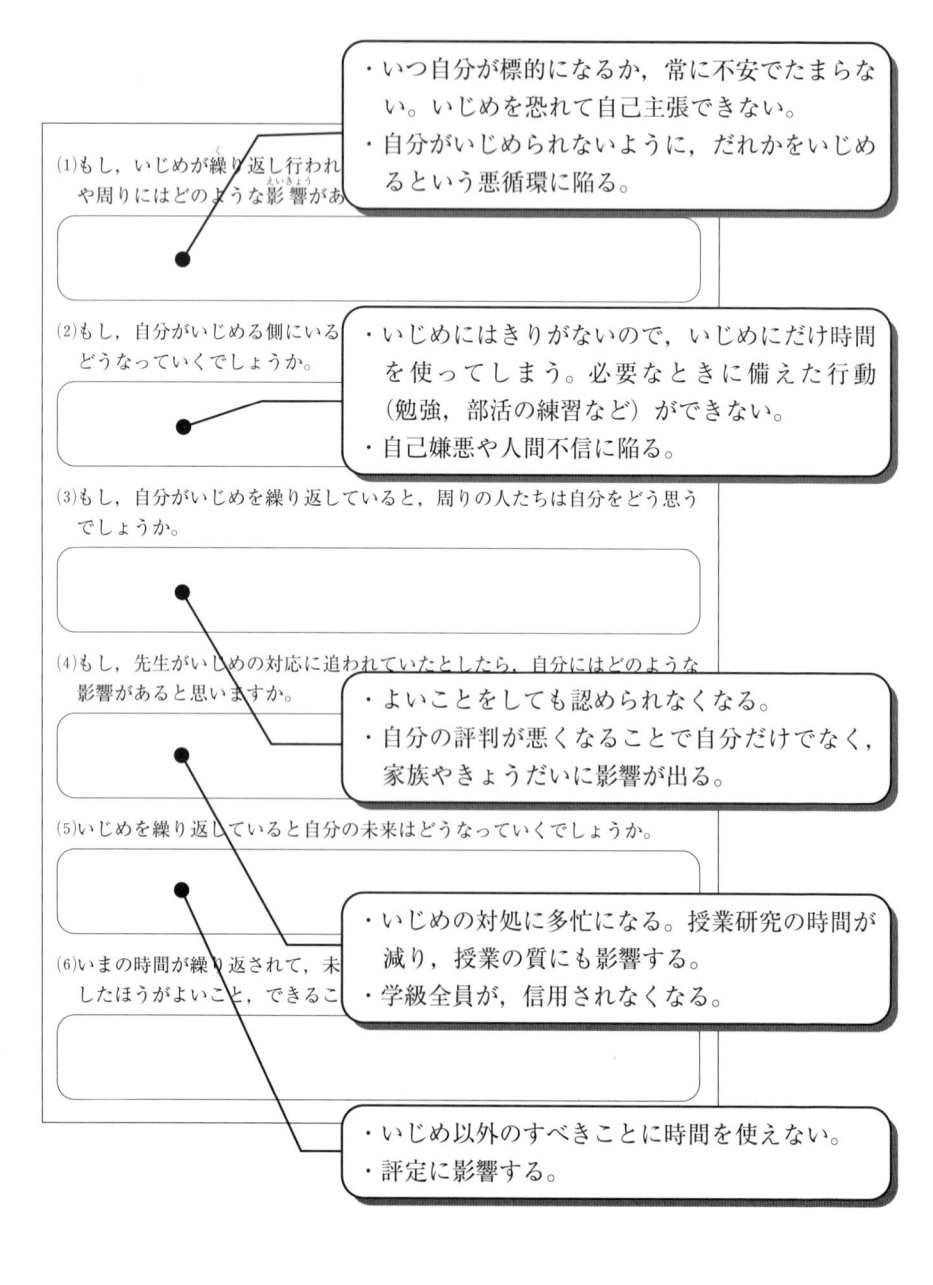

1 いじめようとする気持ちをコントロールする

「6つの質問」各質問のねらい

(1) もし、いじめが繰り返し行われや周りにはどのような影響が

- いつ自分が標的になるか、常に不安でたまらない。いじめを恐れて自己主張できない。
- 自分がいじめられないように、だれかをいじめるという悪循環に陥る。

(2) もし、自分がいじめる側にいるどうなっていくでしょうか。

- いじめにはきりがないので、いじめにだけ時間を使ってしまう。必要なときに備えた行動（勉強、部活の練習など）ができない。
- 自己嫌悪や人間不信に陥る。

(3) もし、自分がいじめを繰り返していると、周りの人たちは自分をどう思うでしょうか。

(4) もし、先生がいじめの対応に追われていたとしたら、自分にはどのような影響があると思いますか。

- よいことをしても認められなくなる。
- 自分の評判が悪くなることで自分だけでなく、家族やきょうだいに影響が出る。

(5) いじめを繰り返していると自分の未来はどうなっていくでしょうか。

- いじめの対処に多忙になる。授業研究の時間が減り、授業の質にも影響する。
- 学級全員が、信用されなくなる。

(6) いまの時間が繰り返されて、未したほうがよいこと、できるこ

- いじめ以外のすべきことに時間を使えない。
- 評定に影響する。

1 いじめようとする気持ちをコントロールする
心に栄養を与える

●概要

いじめの原因の1つに,「心の栄養不足」があります。自分の気分をコントロールできず,気分が悪いときにいじめる人がいます。この気分のコントロール方法を教えるときに「心の栄養」というたとえを使います。このプログラムでは,日々の気分の様子を体と同じように,心の栄養状態にたとえることで,自分の心の状態を把握し,コントロールする方法を学びます。

●プログラムの考え方

心の栄養という視点は,自分や相手の言動を許すことにも役立ちます。「自分が悪いのではなく,心の栄養状態が悪かったのだ。心の栄養状態を改善すればよい」と考えると,自分で問題を解決しようという意識を導くことができます。いじめられた場合も,相手に対して「いじめたあの人は,心の栄養状態が悪かったのかもしれない」と思うと,相手の心の状況をくむことにつながり,許すことはできなくても,怒りの対象を相手の人格から心の栄養状態に移すことができます。

そして,自分の心の状態を把握したら,「ストローク経済の法則」(P.54)を使って心の栄養状態を改善し,感情をコントロールします。ストロークとは,自分および相手を認める働きかけのことです。ストロークの上手な使い方を学び,いじめにつながりやすい心の状態を改善していくのです。

●実践エピソード

子どもたちと接すると,ストローク経済の法則にとらわれていると感じます。この思い込みに陥ることで,心に栄養がたまりにくくなり,ストレスを増幅し,イライラやムシャクシャの原因をつくり出しているのです。そのままでは,自分の気分や心の健康状態をよくするのはむずかしいので,思い込みを修正し,いじめをしない心の状態のつくり方を伝えていきます。

1 いじめようとする気持ちをコントロールする

> **ねらい** 👉
> ☆「心の栄養状態」とストロークについて理解する。
> ☆心の栄養から,感情をコントロールする方法を身につける。

時　間	活動内容	留意点・準備物
0：00	【導入】 ・授業のねらいを知る。	
0：05	【心の栄養を知って,補給方法を考える】 ①「心の栄養」という考え方を知る。 「体に栄養が必要なように,心にも栄養が必要です」 ②質問に答えて,自分の心の栄養状態を知る。 「心の状態は目には見えませんので,感じてみましょう。ワークシートを参考にしながら,いまの心の栄養状態を考えます。質問の答えで,「はい」が多いところが,いまの心の栄養状態です。自分にあてはまると思うところまで色をぬりましょう。終わったら,次は家族や友達を1人ずつ選んで心の状態を考え,同じように色をぬりましょう。栄養は何％だったでしょうか」 ③心の栄養が足りないとどうなると思うか,ワークシートに自分の考えを記入する。 「例えば,つまらないと思ってやる気をなくしたり,ムシャクシャして八つ当たりしたり,気持ちが不安定になってすぐ怒ったり,心の病気になったりします」 「皆さんにも,周りの人にも心の栄養状態があり,それが人づき合いや状況の判断にも影響しています。ではどうしたら,心の栄養状態をよい状態で保てるのでしょうか」 ④心に栄養補給をして,よい心の状態にする方法をグループで話し合い,発表する。 「だれかに認められた,やさしくしてくれた,一緒にいてくれた,話をよく聞いてくれた,こういうときに気分がよくなりますね。このようなことが心の栄養になります。この心の	・「心の栄養を考えよう」ワークシート（P.53） ・2〜3分時間を取る。 ・自分の心の栄養状態を50％以上か未満で聞いて挙手させる。 ・ヒントをいくつか与えて考えさせる。

	栄養になるものを『ストローク』といいます」	
0:15	【ストローク貯蓄・循環のメカニズム】 ①ストロークが貯蓄・循環することを知る。 「心の栄養は，プラスを1つ入れるとマイナスが1つ，マイナスが1つ入るとプラスが1つでていきます。プラスを入れていけば，心の栄養状態をコントロールできます」 「自分自身でストロークを与えて栄養補給することもできますが，ストロークは，相手を認め，相手のためにできることをすると，その人からは自分に返ってこなくても，循環して与えただけ自分に戻ってくる性質があります」 ストローク貯蓄の　　ストローク循環の 　メカニズム　　　　　メカニズム +を入れると-がでる。　ストロークは与えただけ -を入れると+が出る。　元に戻ってくる。	
0:20	②ストローク経済の法則を知る。 「心に栄養が入りにくかったり，入れても栄養がたまらず出ていったりする人がいます。その原因は，5つの思い込みです」 ③ストローク経済の法則について説明する。 「『自分はこの思い込みをもっていて，つらくなっているな』というものがあれば，その思い込みを解除し，変えていきましょう」	・「ストローク経済の法則」プリント（P.54）
0:40 0:45	【まとめ】 ①感想をグループで話し合い，発表させる。 「今日伝えたことは，自分の心とうまくつきあっていくために大切なことです。自分の心の状態を自分でコントロールして，気分のよい時間を長くするのに役立ててください」	

●実践のポイント

　心の仕組みについて学ぶだけでなく，自分の心に栄養を与え，自分の気分をよい状態にコントロールしていくために，具体的にはどんなことができるのかを考えてみることも大切です。うれしくなるときは，どんなとき？ 元気になるときは，どんなとき？ ワクワクするときは，どんなとき？ やる気になるときは，どんなとき？ という質問を使うと，自分にとって効果的なストロークが導き出せます。

●アレンジ・応用の方法

　自分にとって元気になる言葉や必要な言葉（例えば「私には力がある」「私の笑顔には人を和ませる力がある」など）をメモしておいて，毎日見ることも効果的です。心の栄養補給について考えさせるときに，話し合いで出た元気になる言葉を書きとめる活動を取り入れるとよりよいでしょう。

　私自身，心の状態が悪く，つらい日々を過ごしたことがあります。心の状態は，悪いとわかっていても，改善方法がわからないものです。ストローク経済の法則で，自分の思い込みを修正し，心にプラスを入れるとマイナスが出ていくことを知ったときは，「これで大丈夫だ」と安心しました。

　心がどんな状態でも，プラスの要素を入れるとコントロールできます。心の性質を理解すると，自分への安心感が生まれます。漠然とした不安感から，気分をコントロールできるから大丈夫という安心感に切りかえられるのです。

●実践後のフォローアップ

　日々のHRなどで，「今日の心の栄養状態はどれくらいでしょうか」と質問することで，心の栄養状態に意識を向けることができます。そして，「心の栄養状態をよくしていくために，できることは何だっけ？」と続けて質問することにより，ストロークを与える習慣をつけ，自分の意志で心の栄養状態をよくしていこうと考えさせることができます。

心の栄養を考えよう

(1)自分の心の栄養状態を考えてみましょう。

	自分	(　　)さん	(　　)さん
80% 何だかウキウキワクワクする			
何かよいことが起きそうな気がする			
50% 別にうれしくもないけど悲しくもない			
たんたんと時間が過ぎていく			
30%未満 気持ちが不安定で，すぐに悲しくなるか，怒りたくなる			
何か悪いことが起こるだろうと思う			
うまくいくはずがないと思う			

80%
・何だかウキウキワクワクする　　　　　（はい・いいえ）
・何かよいことが起きそうな気がする　　（はい・いいえ）

50%
・別にうれしくもないけど悲しくもない　（はい・いいえ）
・たんたんと時間が過ぎていく　　　　　（はい・いいえ）

30%未満
・気持ちが不安定で，すぐに悲しくなるか，怒りたくなる　（はい・いいえ）
・何か悪いことが起こるだろうと思う　　（はい・いいえ）
・うまくいくはずがないと思う　　　　　（はい・いいえ）

(2)心の栄養が足りなくなると，人はどうなるでしょうか。

(3)心の栄養状態はいつも違います。どうしたら心に栄養を与えられるでしょうか。

1 いじめようとする気持ちをコントロールする

心の栄養をたまりにくくする5つの思い込み
ストローク経済の法則

①だれかを認めたり，ほめたりしてはいけない

ほめることが悔しい，ほめるとつけあがる，ほめるのは恥ずかしいと思っていると，相手に心の栄養を与えることができません。相手に発信しないと，自分にも戻ってこない状況をつくり出していることになります。相手のよいところを見つけてどんどん伝えていきましょう。

②言ってほしいことやしてほしいことも伝えてはいけない

ここを認めてほしいとか，これをほめてほしいということは自分だけにしかわかりません。それを相手に伝えなければいつまでもわかってもらえないのです。わかってくれる人やほめてくれる人を見つけて，どんどん認めてもらってください。皆さん自身も言われたらほめてあげましょう。

③うれしいことを言われても受け取ってはいけない

せっかくほめてもらっても，「この程度じゃまだまだです」と言って受け取らない人がいます。せっかく認めてもらったのに受け取らないと，心の栄養になりません。ほめてくれた人にとっても「ありがとう」と受け取ってもらったほうがうれしいので，もしほめられたら「ありがとう。うれしいです」と伝えましょう。

④言われたくない言葉も受け取らなくてはいけない

うれしくない言葉を言われたときは，その言葉を受け取らずにはね返してしまいましょう。受け取ってしまうと苦しくなります。心の中でバリアをイメージして，はね返してしまえばよいのです。

⑤自分自身をもっとほめたり認めたりしてはいけない

自分をほめたり認めたりしてはいけないと思い込んでいると，いつまでたっても自分で自分の心の栄養状態をコントロールできなくなってしまいます。人に聞こえないところではどんどん自分をほめましょう。「自分ってすごいじゃない」「私はできる」など自分が元気になり，強くなれる言葉を毎日繰り返し自分に伝えていきましょう。

あなたの心の栄養状態がよくなることは，あなたが幸せになるために必要ですし，あなたの周りの人たちをも幸せにします。

1 いじめようとする気持ちをコントロールする
自分の心を理解する

●概要

　心の状態は目には見えないため,子どもの「いま」の心の状態は,なかなかわからないことがあります。心は目には見えませんが,心の状態を感じて絵に描くことはできます。視覚化すると,心と向き合いやすくなります。
　このプログラムでは,絵に描き出すことで,自分の心の状態を把握します。そして,感情をコントロールし,ストレスを解消する方法を学びます。

●プログラムの考え方

　心の絵を描くと,ふだんは怒りを表現しない大人しい子どもでさえ「怒り」の感情がたまっていることに驚かされます。怒りをもつのは悪いことではありませんが,怒りの適切な表現方法や発散方法がわからずため込んでいるのです。
　自分の心とうまくつき合えず,怒りの感情を解消しないと,ストレスを抱え続けることになり,いじめにも影響します。そこでここでは,絵を描くという表現手段を使って怒りを表現し,発散して,自分の心と向き合う方法を子どもたちに教えます。この手法はゲシュタルト療法やプロセス指向心理学,フォーカシングをもとにアレンジしたものです。

●実践エピソード

　目に見えない心を描くのは,初体験のようでしたが,子どもたちは楽しそうに表現してくれました。子どもによって表現方法はバリエーションに富んでおり,顔の表情やマーク,色で表現したりと,とてもユニークでした。目に見えない自分の心と向き合う体験は,インパクトがあったようです。
　それから,怒りの感情を絵に描いて解消できることも驚きのようでした。このプログラムは,描いてみないとわからないことがたくさんあると気づかせてくれます。そして,描いたからこそ出会える感覚もあります。自由に楽しみながらプログラムを実践するとよいでしょう。

1 いじめようとする気持ちをコントロールする

> **ねらい** 👆
> ☆心の絵を描くことで、目に見えない自分の心と向き合い、怒りの感情も人を傷つけずに解消できることを理解する。

時　間	活動内容	留意点・準備物
0：00	【導入】 「今日は、目に見えない皆さんの『気持ち』について学んでいきます。自分の気持ちや心とうまくつき合う方法を覚えましょう」	
0：05	【心の絵を描く】 ①目に見えない心や気持ちを絵に描く。 「形はどんな形か、色はどんな色をしているか、質感はどんな感触か、自由に描いてみましょう。思ったままに描いてください」 「絵が完成したら、自分の心はなんと言っているか、絵に描いた自分の心と対話してみましょう」 ②グループ内で感想を自由にシェアする。 「グループで絵を見せ合って、絵の説明をして、自分の心とどんな対話をしたのかなど自由に話し合いましょう」 ③自分の心の絵を見て、心の状態を振り返る。 「目に見えない心を絵に描くと、いろいろな気づきがあると思います。絵に描くと親しみやすく感じ、仲よくできます。心の状態はつねに違いますが、どんな状態でも大切な心です。自分の心と仲よくすることは、強い味方が1人増えるのと同じことです」	・紙・色鉛筆やクレヨンなど ・教師が黒板に自分の心の絵を描いてみせる。 ・時間は10分ほどとる。
0：30	【怒ったときの気持ちの絵を描く】 ①怒ったときの自分と心の状態を振り返る。 「皆さんは、怒ったときどうしますか？　怒りの感情は、向き合うのがむずかしいものです。怒りの気持ちを絵に描いて外に出し、怒りを解消する方法を試してみましょう」 ②最近感じた怒りを思い出し、紙にその気持ちを描き出す。気がすむまで、紙を次々に取り	・教師が「こんな感じです」となぐり描きをしてみせるとよい。 ・紙（多めに用意する）・色鉛筆

0:40	かえて，自由に描き続ける。 「怒りの気持ちが全部描けた，と思った人は，最後の絵を眺めて待ってください」 ③感想をグループで話し合い，意見をまとめて発表する。 「心のなかにたまっていた怒りも，絵を描くことで，だんだん解消されていき，気分が変わったことが感じられたでしょうか」	**やクレヨンなど** ・10分ほど自由に描かせる。 ・話し合いの時間は2～3分。
0:45	【まとめ】 ①授業全体を振り返り，自分の心と向き合う方法と，怒りの感情の対処法について，再度その方法と意義を確認する。 「今日は心の絵を描いて，目に見えない自分の心と向き合って感じてもらいました。ふだんは見えないけれど，心はつねに変化していきます。皆さんが自分の心と仲よくなると，心は，皆さんの強い味方になってくれます」 「怒りや悲しみなどの感情に振り回されることもありますが，怒りを絵に描いて解消できることを知っていれば，人を傷つけないで解決できます。怒りの感情に苦しくなったときには，この方法が使えることを覚えておいてください」	

子どもたちの描いた絵

●実践のポイント

　このプログラムでは，うまく描くことは必要なことではありませんから，うまく描かなくてよいということを伝えます。また，感じたことを自由に描くことが大切だということも伝えます。

　そして，描いた絵に対しては絶対に評価をしません。心の状態に，うまい・下手，きれい・汚いという評価はないのです。そうしないと安心して心の表現ができません。伝えるべきポイントは，
①心の状態はそのときどきで違ってよい
②心を絵に描くと自分の心と仲よくなれる
③絵を描くことで心の状態もすっきりさせられる
　以上の3つです。

●実践後のフォローアップ

　このプログラムを行ったあとは，朝の会・帰りの会などの機会に，5分ほどでよいので時間をとって，そのときどきの心の絵を描くとよいでしょう。描くだけでも自分の感情に気づき，統合させる効果があります。絵という形のあるものに表現するだけで，抱えている問題を解決したり，見つめ直したりすることができるのです。また，怒りの絵だけでなく，喜びやうれしさなどを絵で表現するのもよい方法です。

　時折このプログラムが行える場合は，描いた絵をファイルして，後日，自分の心の状態の変遷を見直してもよいと思います。「あのときはあんなに怒りがあったけど，いまはそうでもないな」など，これまでの感情の変化を具体的に見ることで，つらい感情も長くは続かないことに気づけるのです。

2 いじめにつながる考え方を変える
自分も相手も大切にする

●概要

　子どもたちに対立の原因を聞くと，両方から「相手が悪い」という言葉が返ってくることがあります。「相手が悪い」と思い込んでしまうと，関係を修復できません。一度対立しても，関係を修復する力を身につけるには，自分にある権利を考え，「自分にある権利は相手にもある」と理解することが重要です。

　このプログラムでは「悪い」と判断している指針について考えます。アサーティブ・トレーニングで使われている方法で，自分と相手にある権利を知り，お互いを尊重する意識を育むのです。

●プログラムの考え方

　アサーティブ・トレーニングとは，自分も相手も大切にした，よりよい人間関係を築くためのスキルを訓練するものです。自分や相手にどんな権利があるのかについて考えるために，アサーティブ・トレーニングで使われる11の権利を紹介します。この11の権利は，子どもたちの苦しみや，相手を許せないという思い込みを取り除くために有効に活用できます。

●実践エピソード

　私はこのプログラムを受けて，自分の思い込みがいかに多いかに気づいて驚きました。それまでは，断ることも，批判に対処することもできず，感情に振り回されていたのです。特に，「わからないと恥ずかしい」「間違ってはいけない」と思っていて，「人の悩みを自分のせいにしなくてよい」「自分で決めてよい」ということができていませんでした。

　これは，私だけの問題ではなく，子どもたちにも同じことがいえます。間違った人を責めたり，不快な感情を相手のせいにしたりして，いじめの原因をつくり出しているので，その原因を取り除くために使います。

2 いじめにつながる考え方を変える

> **ねらい**
> ☆アサーティブ・トレーニングの11の権利を理解し，自分も相手も大切にする考え方を身につける。

時　間	活動内容	留意点・準備物
0:00	【導入】 「今日は『自分にも相手にもある権利』について学びます」	
0:03	【権利について考える】 ①日常の権利について考える。 「『日常生活のなかで，自分にも他人にもある権利』はどんなものがあると思いますか？」 ②権利について，知っているもの・思いつくものを挙手して発表する。 「たくさんの権利があがりました。権利のなかでも特に，日常生活をもっと快適にし，人間関係をよりよくしていく権利があるのでそれを説明します」	・生存権，選挙権なども出る。その意見は受容的に受けとめる。そのうえで，「ほかにも……」と人間関係に焦点を当てた権利について説明する。
0:10	【自分の権利と相手の権利】 ①「11の権利」を知る。 「アサーティブ・トレーニングという人間関係のつくり方から11の権利を学びます。「権利」というとかたいイメージですが，お互いを大切にするために必要な『……してもよいですよ』という許可と考えてください」 ②「11の権利」説明シートを見て，教師の説明を聞きながら，それぞれの権利について知る。 　①間違えてもよい権利 　②自分の意見や価値観を述べる権利 　③わかりませんと言う権利 　④自分で「YES」「NO」を決める権利 　⑤自分の感情に正直でいる権利 　⑥人の悩みを自分のせいにしなくてよい権利 　⑦自分で自分の欲求を満たしてよい権利 　⑧認められることをあてにしないで人と接する権利	・「11の権利」プリント（P.63～64） ・権利については，説明文に加えてなるべく身近な実例をあげて，具体的にイメージしやすいように説明する。

	⑨自分自身を尊敬してよい権利 ⑩自分が自分でいてもよい権利 ⑪権利を自由に使う権利 ③自分がこれまでにどうしていたか，11の権利の観点で振り返る。 「自分はこの権利をいままで認めて行使してきたと思う人はいますか」 「間違えてもよい権利を認めて，使っていたと思う人？」 ・ほかの権利についても同様に聞く。	・1つ1つの権利について挙手させ，子どもの考えを確認する。
0：40 0：45	【まとめ】 ①授業を振り返り，11の権利について，あらためて確認する。 「自分を大切にするために，相手も大切にするために11の権利というものがあるということを学びました。自分が気づいていなかった権利はあったでしょうか」 ②ノートに，自分が気づいていなかった権利を書き出す。 ③授業の感想を挙手して発表する。 「私たちは気がつかないうちに，『わかりません』というのが恥ずかしいと思い込んだり，『間違ってはいけない』と間違えた自分や人を責めたり，自分の要求はいつも我慢しなくてはいけない・『NO』と言ってはいけない・人に認められることをしなくてはいけない，と思い込んだりしています。この思い込みが，必要以上に自分を苦しめ，相手を許せなくなっています。これからは，この権利を思い出して，自分を大切にしたり，自分を大切にしている相手を許したりしてください。そうすると，もっと気持ちよいつき合いができ，すっきりした気分でいられます」	・数名を指名する。

●実践のポイント

「権利」という言葉は若干かたい印象があります。この言葉を使う理由は，日常的に使う言葉ではないので，インパクトがあり，思い込みを修正する力が強いからです。

ただし，この言葉では理解がむずかしい場合は，対象年齢によって「権利」という表現をアレンジしてわかりやすく説明するのがポイントです。

●アレンジ・応用の方法

ここでは11の権利を紹介していますが，子どもたちと一緒にほかにも人間関係にかかわる権利がないか，探しながら検証するというグループワークもよいでしょう。その場合は，権利を考え，検証する過程で，「間違ってもよいし，わかりませんと言ってもよいし，自分の意見をはっきり言ってもよいんだよ。権利を使いながらやってみましょう」と11の権利を行使するように心がけさせます。このように声をかけることで，11の権利が子どもたちの意識に定着しやすくなります。

自分には都合が悪いと感じられることでも，「相手にも欲求を満たし，優先順位を決める権利がある」と理解できれば，相手を許すこともできます。また，人に認められようとする考え方から自由になれます。そして，自分で自分のことを価値ある人間と認められるようになると，楽になり，もやもやした気持ちも解消するのです。

●実践後のフォローアップ

このプログラムはいままでの思い込みの変化をねらうものなので，1度だけでなく，日常生活のなかで繰り返し行い，定着させる必要があります。

考え方をより定着させるためには，授業などで，ときどきこの11の権利を話題にします。例えば，授業がわからない子どもに「『わかりません』という権利もあるよ」「間違ってもよい権利もあるんだよね」というように，11の権利に関連づけて口にしていくと，子どもに継続して意識させることができます。

11の権利

①間違えてもよい権利
「私たちは，間違ったことを言ってはいけないでしょうか？」「絶対にいつも間違わない人はいるでしょうか？」「だれだって間違うときはあるのです」
　私たちには「間違ってもよい」権利があります。自分が間違ったとしても，間違えたらやり直せます。間違いを否定したり後悔したりすることはありません。だれかが間違ったときも，許してあげることが大切です。

②自分の意見や価値観を述べる権利
「もし，自分の意見が相手と違っていたら，言わないほうがよいでしょうか？」「私たちの意見はいつでも，だれとでも同じでしょうか？」「意見が違うということは，相手を否定することでしょうか？」
　価値観や意見は，一人一人違うものです。意見が違ってあたりまえなのですから，自分の意見を相手に伝えてもよいのです。

③わかりませんと言う権利
「わからないことは悪いことでしょうか？」「だれでもすべてのことをわかっているのでしょうか？」
　どんなに賢い人にさえ，わからないことがあります。わからないからといって自分の知性が劣ると思わず，よりよい説明を求めてもよいのです。

④自分で「YES」「NO」を決める権利
「だれかの頼みごとを，『NO』と断ってはいけないでしょうか？」「自分が嫌だと感じることでも我慢して引き受けることが正しいのでしょうか？」
　だれにでも「YES」と「NO」を自分で決めてよいという権利があります。「NO」と言いにくいときもありますが，自分の意志を尊重して決めることは，自分の役割と責任をもつことです。自分の意志で決めていきましょう。

⑤自分の感情に正直でいる権利
「怒りの感情は感じてはいけないのでしょうか？」「悲しみの感情は感じてはいけないのでしょうか？」
　ネガティブな感情をもってはいけないという思い込みがありますが，ネガティブな感情も自分にとって必要なメッセージを伝えています。感情を受け入れてから本当はどうしたかったのか気づいて対処することが大切です。自分の感情を受け入れてよいのです。

⑥人の悩みを自分のせいにしなくてよい権利

「だれかが悩んでいたら自分のせいでしょうか？」「だれかが怒って『あなたのせいだ』と言ったら，自分のせいだと自分を責めればよいのでしょうか？」

人が悩んでいると自分のせいだと感じてしまうときがありますが，だれかの悩みを自分のせいにしなくてもよいのです。自分にできることの限界をはっきりさせて自分を大切にしてもよいのです。

⑦自分で自分の欲求を満たしてよい権利

「自分の欲求を満たすことはいけないことでしょうか？」「自分の気持ちを大切にしてはいけないのでしょうか？」

自分の行動ややりたいことの優先順位は自分で決めてよいのです。ときには，自分の要求に耳を傾けて自分の要求を満たしてよいのです。

⑧認められることをあてにしないで人と接する権利

「いつも人に認められるような行動をとらなくてはいけないでしょうか？」「人が喜ぶことや人の期待にはこたえなくてはいけないのでしょうか？」

人から好かれたい，認められたいという気持ちから自由になって，人の評価を気にしないで行動してもよいのです。

⑨自分自身を尊敬してよい権利

「私たちは自分のことをすごいと思ってはいけないでしょうか？」「自分を尊敬してはいけないでしょうか？」

自分を価値ある人間として受け入れて認めてもよいのです。

⑩自分が自分でいてもよい権利

「私たちは悪いところがあってはいけないのでしょうか？」「弱みをたくさんもっている人間はだめな人間なのでしょうか？」「いつでも完璧な人はいるのでしょうか？」

私たちは，よいところも悪いところも含めてありのままの自分でいてよいという権利をもっています。完璧な人はいません。いまの自分を受け入れてよいのです。

⑪権利を自由に使う権利

「いつでも完璧に，11の権利を使わなくてはいけないのでしょうか？」

この権利は自分で使いたいときに使えばよいのです。この権利にしばられるのではなく，苦しいときやうまくいかないときにこの権利を使って，自分の考え方を柔軟にしていけばよいのです。

2 いじめにつながる考え方を変える
「違い」は「間違い」ではない

●概要

このプログラムでは,自分を電化製品にたとえたり好きな色をあげたりして,お互いの意見の違いを知ります。そして,ほかの人と自分には違いがあることを知り,その違いは必要なもので,違いがあるからこそすばらしいということに気づかせます。

●プログラムの考え方

人には「類似性の原理」という,自分と似たタイプの人と仲よくなりやすい性質があります。自分と違う部分が多い人とは,仲よくなりにくいのです。この「自分との違い」は対立に発展することが少なくありません。特に日本では周囲に合わせることを美徳とする傾向が強いため,「自分と相手は同じ価値観であたりまえだ」という幻想を多くの人が抱いています。これは,違う考えや価値を受け入れず,排除する原因にもなります。

違いは違いであり,間違いではないということに気づくことができると,違う考えの人間を否定せず,人間関係を継続する力を身につけられます。

●実践エピソード

このプログラムを行うと,子どもたちは,価値を計る尺度は1つではなく,人と比較しなくても自分はそのままの自分で存在してもよいと感じられるようです。「自分は自分でよいんだ」「自分は暗い部分があるとわかったけど,それでもよいんだ」という子どもの感想が印象的でした。色や電化製品に優劣はないように,「自分も人間として劣っているわけではない」という確信を得ている様子が伝わってきました。

いじめをしなくてもすむ環境をつくるには,自分と違う考え方の人,人とは違う自分の存在を受け入れることが必要です。

2 いじめにつながる考え方を変える

> **ねらい**
> ☆人と違うことは間違っていることではないと理解する。
> ☆違いを非難するのではなく，違うからこそ価値があるという考えを身につける。

時　間	活動内容	留意点・準備物
0：00	【導入】 ①授業のねらいを知る。 ②「違い」について考え，意見を発表する。 「『人と違うこと』はいけないことでしょうか。『違うこと』があることでよいことと困ることは何でしょうか？」	・「違い」に焦点を当てる。
0：10	【もし，自分が電化製品だったら？】 ①自分を電化製品にたとえ，ワークシートに書き込む。 「自分が電化製品だったら，何でしょう？また，その理由はどうしてかも考え，ワークシートに書きましょう」 ②全体で発表し合い，各自の意見を分かち合う。 「どんなに高性能でも，家に冷蔵庫しかなかったら不便です。よい・悪いではなく，違いがあるから，いろいろな場面で役立つのです。同じように人も，違うからこそ，いろいろな場面で必要とされるのです」 ③自分が必要とされる場面はどんな場面かを考える。 「社会にはまだ皆さんの知らない場面があります。いろいろな場面で最大限に自分を役立てられるよう，日頃から自分を大切にし，個性に磨きをかけていくことが大切です」	・「もし……だったら？」ワークシート（P.69）
0：20	【好きな色は何色？】 ①自分の好きな色（自然にある色）を考え，ワークシートに書き込む。理由も書く。	・「私の好きな色」ワークシート（P.70）

	②グループで，好きな色を発表し，お互いにその理由を聞き合う。 「すてきな色，きれいな色がたくさんあがりました。どの色もすばらしい色です。違いがあるからこそ絵になり，人の心をうつことができます。自分の経験は限られますが，違う経験をしてきたほかの人が知っている世界やきれいな色を教えてもらうことができます」 ③自分の知らない世界を教えてもらうためには，どんな態度や気持ちで人と接することが大切かをグループで考え，代表が発表する。 「違いを否定すると相手は伝える気を失います。違いを尊重し合って初めて，お互いの世界を広げることができます」	・銀杏の葉や夕焼けの空などを例としてあげる。 ・ほかの人の意見は否定せず，受容的に聞き合うことをルールとして提示する。 ・発表させた考えも，違いを尊重する。
0：35 0：45	【まとめ】 ①絵本『しあわせ』の読みきかせを聞く。 「皆さんの幸せはこの絵本のなかのどれに近かったでしょうか。幸せの形は人によって違います。自分と同じように感じていない人もいます。その違いも間違いではありません」 ②教師の発問について考え，ワークシートに自分の考えを書き込む。 「自分と違う意見や考え方をもつ人とは，どのように接したらよいでしょうか？」 ③まとめ：「同じ人間でも，一人一人が違う意見をもち，違う行動を取ります。自分と違っても間違いではありません。自分と違う行動・考えの人と気持ちよく暮らすため，違いを認め合いましょう。どちらかの考えが正しい・いけないということはありません」	**・絵本『しあわせ』** ・絵本は教師が読んで聞かせる。 ・発問でしばらく時間をとり，一人一人に考えさせる。

2 いじめにつながる考え方を変える

● **実践のポイント**

楽しさを大切にする

　この授業を行うときは，楽しさを大切にすることがポイントです。ほとんどの子どもは，自分を電化製品にたとえる体験はしたことがないと思います。楽しみながら，自由な発想で取り組める雰囲気をつくるとよいでしょう。

　また，突然「電化製品にたとえる」と言われても，ぴんとこない子どももいると思いますので，教師が「自分だったら……だと思います」「どうしてかというと……だからです」と考え方のお手本を見せて，どのように考えればよいのかを示すと，子どもたちも取り組みやすくなるでしょう。

　なお，プログラムでは電化製品にたとえましたが，たとえるものはお菓子・おかず・お店など，どれをとっても必要であることがわかるものなら，何でもよいので，子どもたちの実態に応じて変えるとよいでしょう。

授業のなかでも「違い」を大切にする

　このプログラムでは，「人によって好きなもの・考え方・求めているものは違うが，どれが正しくてどれが間違いということはなく，どれもすばらしい」「違うからこそ私たちは存在する意味があり，私たちはだれもがどこかで必要とされている存在だ」と気づいてほしいと思います。

　もう1つ大切なことは，プログラムで学んだとおり，何を選んでも，そこにはその子どもなりの理由があります。その理由を大切にします。実践したときに，1人の子どもが「僕は電池」と言いました。ほかの子どもたちは「電池は電化製品じゃない」と責めましたので，「ここでは正しいかどうかよりも，どうしてそれを選びたかったのかが大切です」と説明しました。

　この理由は子どもたちの特質にあたるものです。特質を認められ，受け入れられることが子どもたちにとって大きな励ましとなり，自分への自信となります。そして，教師が子どもたちの特質を認めることは，「違いは間違いではない」というプログラムのメッセージにもつながるのです。

参考文献：レイフ・クリスチャンソン文・ディック・ステンベリ絵（にもんじまさあき訳）『しあわせ』岩崎書店，1995年。

もし……だったら？

(1)もし，自分が電化製品だったら何でしょう。

(2)それを選んだ理由は何ですか。

(3)もし，自分が　　　　　　　　　　　　だったら何でしょう。

(4)それを選んだ理由は何ですか。

(5)そのような特性をもつ自分を役立てられる場面を考えてみましょう。
　※どのような特性でも，その特性を生かすことができる場所があります。

2 いじめにつながる考え方を変える

私の好きな色

(1)自然にある色のなかで,あなたが一番好きな色は何ですか。

(2)それを選んだ理由は何ですか。

(3)グループの人の好きな色と,その理由は何ですか。

名前	好きな色	好きな理由

(4)自分と違う意見や考え方をもつ人と,どのように接したらよいでしょうか。

2 いじめにつながる考え方を変える
怒りの感情と向き合う

●概要

いじめの原因の一つに、「怒り」があります。いじめられることで、いじめた相手に「怒り」が生じることもあります。「怒り」の取り扱いはむずかしいものですが、「怒り」の適切な表現方法や処理方法を知っていれば、いじめへの発展を防ぎ、いじめの連鎖を食いとめるきっかけにもなります。

このプログラムでは、「怒り」のパターンから自分の自己主張の癖を把握します。そして、よりよい人間関係を築くための自己主張の方法を身につけます。

●プログラムの考え方

このプログラムで使うアサーティブ・トレーニングという自己主張の方法は子どもも理解しやすく、怒りの表現の学習・練習に役立ちます。

怒りに対処しようとすると、「怒ってはいけない」と思いがちですが、怒りは大切な感情の一つです。「怒ってはいけない」のではなく、「怒りの感情で不当に人を傷つけてはいけない」のです。怒りは正当な感情です。怒りを押さえつけると、違った形で自分を苦しめることになります。怒りを感じたら、「自分はいま怒っているんだ」と自分の感情を受け入れ、本当はどうしたいのか、怒りに隠れた自分の思いに気づいて対処することが望ましいのです。

●実践エピソード

「感情のコントロール法」は、私自身のために研究し、対処法を集めていたのですが、講演などで、感情に関する悩みを聞き、多くの人の共通の悩みであることがわかりました。怒りに振り回されて自分の言動を後悔する人と、怒りを飲み込んでストレスをため、適切に表現できない自分に怒る人が多いのです。

子どもたちにはまだ自分の感情に悩んでいるという自覚はないかもしれませんが、感情のパターンは子どものころに身につけるものです。子どものころから正しい理解と適切な表現方法を学んでほしいと思います。

2 いじめにつながる考え方を変える

> **ねらい** 👆
> ☆怒りの適切な対処法を学び，怒りを感じたときに適切な表現ができるスキルを身につける。

時　間	活動内容	留意点・準備物
0：00	【導入】 ・授業のねらいを知る。	
0：05	【自分の怒りの表現パターンを考える】 ①怒ったときの自分の対処法を振り返る。 「怒りを感じたとき，どのような行動をしていますか？」 ・怒っていることを表現する ・怒りを表現せず我慢する ・それ以外の行動をする ②人によって怒りの対処が違うことを知る。 「怒りにどう対処するかは，とても大切なことです。どうしたらよいか考えましょう」 ③怒りへの対処には，3種類のパターンがあることを知る。 「さきほど質問した3つが，怒りのパターンです。どのパターンだったかで，自己主張の癖も変わってきます」	・3つのパターンを提示し，自分がしている対処はどれか，挙手させる。 ・挙手の状況を見せ，人によって違いがあることを認識させる。
0：10	【自己主張の3つのタイプを学ぶ】 ①「ドラえもん」を題材に，のび太・しずかちゃん・ジャイアンの3人のキャラクターの「意見の表明方法」の特徴を知る。 ②攻撃的・非主張的・主張的な意見の表明をしているのはそれぞれだれか，考える。 「怒りの表明には，攻撃的・非主張的・主張的という3つのタイプがあります。ジャイアン・のび太・しずかちゃんの3人は，それぞれどの対応をしているでしょうか」 ③どのタイプも必要であり，そのときの状況に応じて，選んで使い分けることを知る。 「いままで，3つのうちどのタイプで対応して	・題材を知らない子どもがいたら必ず説明する。 ・子どもに挙手させ，「だれがどのタイプの対応をしているか」を答えさせる。 ・どれも必要な対応であることを強調する。

	いましたか？　今後はどれで対応していきたいと思うでしょうか？　大切なのは，そのときに，自分がどのタイプで対処すればよいか見きわめ，使い分けることです」	
0：15	【怒りの表明を練習する】 ①例示場面について，3つのタイプでの返事と，対応後の影響（相手の気持ち・自分の気持ち・その後の関係）を考える。 例：傷つくことを言われた（キモイ，ウザイ） 例：「お前のせいで試合に負けた」と言われた ・怒りをぶつけたとき（攻撃的） 　一時的に怒りの原因は解消できても，相手との関係が壊れる可能性は大きい。 ・怒りを我慢したとき（非主張的） 　相手との関係は保てるが，ストレスがたまって自分が苦しくなる可能性がある。 ・怒りを適切に表現したとき（主張的） 　相手の感情を害さず，自分の気持ちを表現できる。相手にも受け取ってもらいやすく，対立を乗り越えて仲よくなる可能性もある。 ②「3つのパターン」ワークシートの例題を見て，「ドラえもん」のキャラクターだったら，どんな反応をしそうかを考え，書き込む。	・問題は，子どもの実態に合わせて，怒りが生じそうな場面例を適宜考える。
0：30	③「怒りの取り扱い」ワークシートの問題にそって，怒りの表明を2人組になって練習する。 「ワークシートの例題のときは，どう言えば相手に伝わりやすいでしょうか」	・「3つのパターン」ワークシート（P.75） ・「怒りの取り扱い」ワークシート（P.76）
0：40 0：45	【まとめ】 ①授業全体を振り返って，感想を発表する。 「『怒り』は大人でも取り扱いがむずかしい感情ですが，『怒ること』も大切です。怒りの性質を知り，対処法をコントロールできれば，相手との関係が壊れることを恐れずに向き合えます。怒りに振り回されず，豊かな人間関係を築いてください」	

●実践のポイント

　怒りの表明方法を身につけるとき，モデルにできる例があると，より早く，かつ的確に理解できます。このプログラムでは，子どもたちにわかりやすくアサーションを伝えるために，子どもたちに人気のあるアニメ「ドラえもん」のキャラクターを使って説明します。

　子どもたちになじみのあるキャラクターの例をあげ，「ジャイアンだったらどう言うか」「のび太だったらどう言うか」「しずかちゃんだったらどう言うか」と考えさせます。この過程で，望ましい対処法（しずかちゃん）を知り，同時に，いままで自分がどのタイプで反応してきたかを把握できます。

　望ましい対処法を考えるときも，「しずかちゃんだったらどうするか」と，具体的な行動を想像しやすいキャラクターをモデルとすることで，すばやく，的確な理解を促すことができます。

●アレンジ・応用の方法

　何となく頭では理解しても，実際に遭遇するいろいろな場面で同じような対応ができるとは限りません。なかには勇気のいる相手や場面もあります。

　子どもたちの遭遇するあらゆる場面を設定し，役割を変えながらロールプレイを行うと，具体的にどう動き，どう言ったらよいのかを，体で理解することができます。ロールプレイで実際に動いて試してみることで，スキルの定着をはかります。

●実践後のフォローアップ

　日常生活で，子どもたちが対立することはごくあたりまえにあります。実際に子どもたちが対立したときに，自分の対処は3つのうちどれだったか振り返ったり，その対処で相手との関係はどうなったか，この関係性は自分が本当に望んでいたものかどうかを考えさせたりすることが大切です。

　自分のパターンを変えるには意識し続けて繰り返すことが必要です。それができるように日常でも機会をとらえて，「そのときの表現をしずかちゃんにしてみるとどうなるかな？」という質問を繰り返し，サポートしていきます。

参考文献：鈴木教夫「やってみようアサーション」『月刊学校教育相談』2004年4月号〜8月号，ほんの森出版．

3つのパターン

■**ケース1**：あなたは昨日の放課後，友達と待ち合わせをしました。約束の場所で約束の時間になりましたが，その友達は来ませんでした。あなたは連絡をとろうとしましたが，連絡もとれませんでした。1時間待っても来ないので帰りました。今日その友達が目の前にいます。

	言葉	行動
攻撃的な場合 （ジャイアン）		
非主張的な場合 （のび太）		
主張的な場合 （しずかちゃん）		

■**ケース2**：だれにも言わない約束をしていた自分の秘密が，次の日，学級中に広まっていました。あなたは恥ずかしくてとてもいたたまれません。学級のみんなが，こちらを見てヒソヒソ言っているのが聞こえてきます。秘密をみんなに言ってしまった友達に対してどうしますか。

	言葉	行動
攻撃的な場合 （ジャイアン）		
非主張的な場合 （のび太）		
主張的な場合 （しずかちゃん）		

怒りの取り扱い

　「怒っている」ということを，相手に伝えにくいときもあります。伝えても受け取ってもらえない場合もあります。そのようなときに効果的なのは，怒りになる前の感情を伝えることです。

例：遅く帰ってきた娘に対して父親が
- ×「こんな遅くまで何してたんだ！いま何時だと思っているんだ！もう許さないからな！」
- ○「こんなに遅く帰ってくると，何かあったんではないかと心配で心配でたまらなかった。今後はこんなに心配しないですむように，帰る時間を守ることと，遅れる場合は連絡を入れること」

例：友達の行動に傷ついたとき
- ×「あなたのせいでこうなったのよ。こんなことになって，私はあなたを許さない」
- ○「私はあなたのとった行動にとても傷ついてしまったの。もうあんな思いを二度としたくないから，ああいうことはしないでほしい」

練習問題
(1)あなたの大切なノートに，友達が落書きをしてしまいました。

(2)あなたが気にしていることを，ひどい言葉で言われてしまいました。

(3)やってもいない行動を，「お前がやったんだろう」と決めつけられました。

3 人間関係のスキルを身につける
対立を乗り越える

●概要

　だれかと対立したとき子どもたちはどうしているでしょうか？　対立は緊張状態を生み出し，けんかやいじめに発展することもあります。対立したときに，互いに納得のいく対処法を知っておくことで，対立をいじめに発展させず，お互いをよく知り合う機会へと変えることができます。

　このプログラムでは，対立したときの自分の対処パターンを知り，対処の選択肢を増やすことで，対立を乗り越える力を身につけます。

●プログラムの考え方

　このプログラムは，スティーブン・R・コヴィーの7つの習慣の理論を応用したものです。対立したときどんな対処方法があり，その方法を使うとどのような関係に発展するかをロールプレイで体験し，実際の場面を想定させます。

　対立したとき，自分にどんな行動の選択肢があるのかを知り，対立をこじれさせないために気をつけるべきことは何かを学んでおくことは，子どもたちがよい人間関係を続けていくためにとても重要です。

●実践エピソード

　この授業で最初に子どもたちの対処を観察すると，多くの場合，いつも自分の意見や主張を我慢するタイプと，自分の主張を通し，思い通りにことを運ぼうとするタイプの2つに分かれます。このどちらかしか選択肢を知らず，かつ決まった方法以外の対処を思いつかない子どもが多いのです。

　そこでプログラムを行うと，子どもたちにはいろいろな気づきがあるようです。自分の対処が唯一の方法だと思い込んでいたのに，違う対処ができること，対処の選択肢を増やせること，自分も相手も我慢しなくても悪い関係にならなくてすむこと，状況に応じて結果を考えながら自分で対処を選べることなどに，強い驚きを感じるのです。

3 人間関係のスキルを身につける

> **ねらい** 👆
> ☆対立時に，どの対処パターンをとってきたかに気づき，互いによい方法を見つけようとする姿勢でいると，よりよい関係を築けることを知る。

時　間	活動内容	留意点・準備物
0：00	【導入】 「今日は『人と対立したときはどうすればよいのか』について学んでいきます」	
0：03	【価値観○×ウルトラクイズ】 ①○×ウルトラクイズに答える。 「○なら窓側に，×なら廊下側に移動しながら答えてください。○でも×でもない場合は，中間で止まります。答えを選んだ理由も考えてください」 問題例 ・もし次に生まれ変わるとしたら，男がよい？ ・昼食はおにぎりとサンドウィッチだったら，サンドウィッチ？ ・赤信号，車が来なければ，渡ってもよい？ ・宿題は家に帰ったらすぐやる？ ・都会と田舎住むとしたらやっぱり都会？ ・テレビのチャンネル争いで自分から譲る？ ・いじめられている人を見たら，やめなさいと言う？ ・いじめられたら，やり返す？ ②○×ウルトラクイズをして気づいたことや感想を話し合う。 「同じ状況でも，人によって，好みも考えも行動も違います。その人がベストだと考える答えも理由も違います。また，自分にとって最良の方法が相手にとっても最良とは限りません」	・机を寄せてスペースをつくり，子どもを集める。 ・クイズの問題は自由に設定する。意見が片方に偏りそうなものは避け，どちらを選んでも間違いではないものを多くする。 ・1問ごとに数名を指名し，選んだ理由を聞きながら進める。 ・人によって違いがあることを強調する。
0：20	【対立したときの対処パターンを知る】 ①対立したとき，自分がどうしているかを考え，答える。	・自分の対処パターンを振り返

	「『どちらかというと我慢する人』『どちらかというと自分の主張を通す人』『どちらでもない人』の3つに分かれるとしたら，自分はどれだと思いますか？」 ②対立時の6つの対処パターンを知る。 「この6つのパターンは，よい悪いはなく，状況に合わせて選べます。大切なのは，『関係をどうしたいか』『いまどうすることがベストか』という視点です」「いままではどんなときにどれを選んでいたか，今後はどれを選んでいきたいか考えましょう」	り，それぞれ挙手させる。 ・「6つの対処パターン」プリント（P.80～81）
0：30	【対処パターンのロールプレイ】 ①2人組になって机をはさんで向かい合わせに座り，役割を決めてロールプレイをする。 「まず，いつもの自分のパターンで話し合い，合図で，相手にも自分も納得のいく方法を見つけるパターンに変えて話し合います」 ロールプレイ場面例 ・部屋を片づけない娘と片づけさせたい親 ・合唱コンクールの練習に消極的な人と積極的に進めたい練習のリーダー ②やってみて気づいたことや感じたことを，2人組で話し合い，全体に発表する。	・ロールプレイのシナリオは子どもの実態に合わせて適宜考える。 ・挙手させ，数名を指名する。
0：40 0：45	【まとめ】 「いままで知っていたほかにも対立したときに使えるいろいろな対処法があるとわかったと思います。『我慢しなければならない』『相手と戦わなければいけない』のではありません。小さな対立はよく起こるものです。お互いにどうするとよいのかを考えて対処法を選んでください」	・授業全体の感想を，数名に発表させ，振り返るとよい。

ed
6つの対処パターン

パターン1：自分が勝って相手が負ける＝自分の言い分を通す

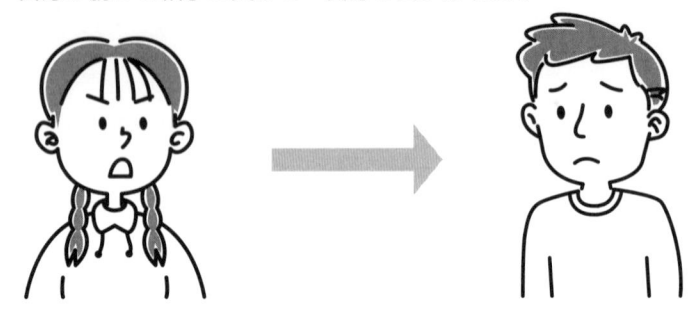

パターン2：相手が勝って自分が負ける＝相手の言い分を通す

パターン3：どちらも負けない＝どちらも勝たない

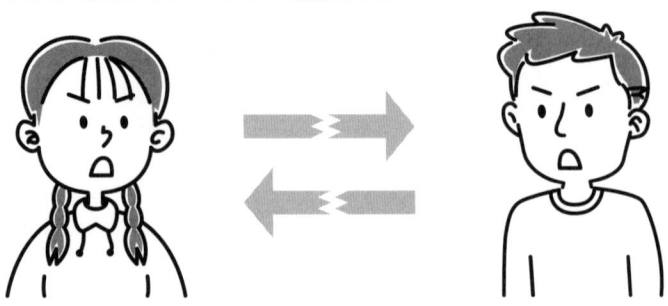

パターン4:相手は関係ない=自分だけよければよい

パターン5:お互いに納得のできる第3の案を見つける

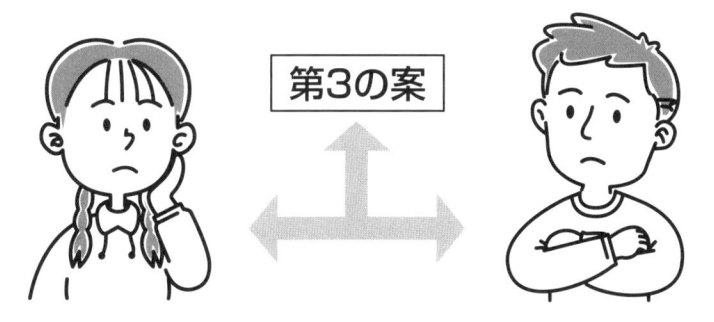

第3の案

パターン6:お互いに納得のできる案がなければなかったことにする

●実践のポイント

どの対処でもよい

　大切なポイントは，6つのパターンの，どの対処も間違いではないという気持ちで伝えることです。その姿勢で接することで，はじめて子どもたちは安心して対処パターンを選べます。

　「このパターンが必ず正しい。それ以外は間違いでやってはいけない」という気持ちで伝えてしまうと，そのパターンをとっていない相手を責めたり罰する下地をつくってしまうことになります。あくまでも，「自分と相手にとってよい関係を築くために，そのときの状況に応じた最良の方法を，自分で選ぶことができる」と伝えます。

選択肢を増やす

　私は，対立したときにとれるパターンが6種類もあること，自分が我慢するのでも，相手に我慢させるのでもなく，お互いにとって納得のいく方法を見つけられることを知ったとき，とても驚きました。そして，いつも同じ方法を選ばなくても，状況に応じて最良の方法を，自分の意志で選んでよいということもすばらしい発見でした。

　自分自身は，これまで6つのうちどのパターンを選びやすい傾向にあったのかに気づくことも大切です。対立はどの年齢でも生じますので，この対処パターンを知っていることはとても大切です。子どものときからこの対処パターンを知っていれば，相手とよい関係を築いて，人生を自分にとって実りある時間にできます。この内容はぜひ子どものときに学んでほしいと思います。

●実践後のフォローアップ

　もし子どもたちの対立場面を目の当たりにしたら，6つの対処パターンのうち，どれを選びたいかを聞きます。そして，それを選んだあと，相手とはどのような関係に発展すると思うのか，そのようなお互いの関係性は自分が望んでいるものかどうかを確認します。

　この積み重ねが冷静さを取り戻すことにつながります。また，感情に流されるのではなく自分の言動に責任をもって選ぶ判断力と責任感を養います。

3 人間関係のスキルを身につける
心のポジションを知る

●概要

　学校の人間関係のなかで,子どもたちが相手を否定的に感じ,その気持ちのまま接することがあります。相手のことを否定的に見ていると,相手もそれを感じるので良好な人間関係が築けず,関係は悪化します。これは,いじめを引き起こしたり,起きたいじめを正当化したりすることにもつながります。
　そこで,このプログラムでは,人と接するときの心のポジションを知り,接し方を切りかえることで,人間関係を良好に築くスキルを身につけます。

●プログラムの考え方

　心のポジションとは,人に接するときの心の位置関係のことです。心のポジションは人によって行きやすい場所があります。心のポジションの概念を知らなければ対処できませんが,知っていればポジションを意識して,自分の意志で切りかえ,関係をよくすることができます。
　いじめられている子どもも,相手,自分,いじめを止めてくれない周りの人に対して心のポジションを行き来しています。そこで,心のポジションの視点を提供して,人間関係を見つめ直してみます。いじめの最中は,相手を許せないかもしれませんが,それでも心のポジションという視点があると,相手に対する気持ちのもち方が変わってきますので,考え方を伝えます。

●実践エピソード

　私自身,自分につらくあたる相手を許せず苦しんだ経験があります。私は,相手を心のなかで裁いていましたが,そのときは関係を改善できませんでした。これを心のポジションで見直すと,言葉では相手を攻撃していませんでしたが,心は相手を責めるポジションにいたので,相手はそれに反応していたのだと気がつきました。私が心のポジションを知っていて,はじめから相手も自分も認める心のポジションで向き合っていたら,よい関係を築けたと思います。

3 人間関係のスキルを身につける

> **ねらい** 👆
> ☆心のポジションを知り、心のポジションを自分のために切りかえるスキルを身につける。

時　間	活動内容	留意点・準備物
0:00	【導入】 ①心にはポジションがあることを知る。 「心のポジションは人間関係で重要な役割を果たし、感情にも影響しています」	
0:05	【よく感じる感情は何かを考える】 ①ふだんよく感じる感情は何かを考える。 ・喜びや充実感を感じる時間が長い ・悲しみや劣等感、後悔を感じる時間が長い ・イライラや怒りを感じる時間が長い ・絶望感やあきらめを感じる時間が長い 「自分が感じている感情にも、心のポジションは大きく関係しています」	・「自分の感情や内面」に焦点を当てる。
0:10	【4つのポジションの体験】 ①2人組で4つのポジションを体験する。2人で向かい合って座る（1人をA、1人をBとする）。 ②Bは目を閉じ、Aだけが紙に書いた指示を見る。Aが指示を確認し終えたら、Bは目を開けてよい。 ・第1のポジション：自分が正しくて相手が間違っている ・第2のポジション：あなたはすごいけど私なんて全然だめ ③Aはポジションをイメージし、30秒無言で相手の顔を見る。特に表情はつくらない。 ④第2のポジションについて、③と同様に行う。 ⑤2つの違いをどのように感じたか、BはAに伝える。 ⑥役割を交代し、今度はBだけが指示を見る。	・左記の4つのポジションを書いた紙を、1枚ずつ無言で掲げ、Aだけにそれを見せる。 ・何人か指名し、話し合った内容を発表させる。

	・第3のポジション：あなたも，私も，周りもすべてだめ ・第4のポジション：あなたはすばらしいし，私もすばらしい ⑦③〜⑤と同じ手順で行い，Aからどのような違いを感じたかを聞く。	
0：20 0：30	【4つのポジションの影響を考える】 ①4つのポジションを知る。 「心には4つのポジションがあります。どのポジションにいる時間が長いかで，感じる感情の長さも変わります」 「例えば，何かが起きたときに，『相手が悪い』『自分のせいだ』などと思うことがあります。そのときに気がついて，相手も自分も認めるポジションに戻ることができればよい関係を続けることができます」 ②言葉より先に伝わる要素について考える。 「怒っている声で『怒ってないよ』と言っている人は怒っていると思うでしょうか？」 「言葉よりも声のトーンの方が相手に伝わる割合が高いということです。その表情や声のトーンをつくるもとになるのが心のポジションです。私たちは『何と言おうか』とは考えますが，『どのポジションで向き合おうか』とは考えませんが，言葉よりも，どのポジションで向き合うかを決めたほうが，よい結果が生まれる確率は高いのです」	・「心のポジション」プリント（P.88）
0：40 0：45	【まとめ】 ①心のポジションについて学んだ感想を話し合う。 「心のポジションは目には見えませんが，人間関係のうえでとても大切です。これからは『いま，自分がどのポジションにいるのか』に気がついて，自分の意志でポジションを切りかえていってください」	

●実践のポイント

30秒無言で向き合うと，笑ってしまったり吹き出してしまったりしてうまくいかないものですが，それでもよいのです。体験してみることが大切です。「今回のこの実験は，うまく行かなかった人もいますが，いま伝えたかったのは……」と続けます。心に4つのポジションがあるということに興味をもたせることがねらいです。

●アレンジ・応用の方法

多くの人の心のポジションの移り方には，大きく分けて2つあります。自分を認めることができないタイプと，相手を認めることができないタイプです。この傾向を修正するためには，以下の2つのプログラムが効果的です。

その人がどちらのタイプなのかに応じて，どちらかを選んで行うこともできますが，全員でどちらも行うと，より効果があります。

(1)自分を認め受け入れるために
・自分のよいところや得意なことなどをリストアップする。
・自分を認める言葉で言われてみたい言葉を書き出し，自分自身に言う。

(2)相手を認め受け入れるために
・家族や友達のよいところリストをつくる。
・友達や家族に対して感謝していることを思い出し，紙に書き出す。

どちらも，心のポジションのプログラムのなかに組み入れてもよいですし，この修正のためのプログラムだけを，できる時間に行ってもよいでしょう。この2つを何度か繰り返すことによって心のポジションを修正していくこともできます。

●実践後のフォローアップ

心のポジションを意識させる復習や発展的な方法として，教科と関連させて行う方法があります。読み物教材などを使って，ストーリーに出てきた登場人物の心のポジションは何であったかを考えてみたり，心のポジションの移り変わりなどを観察したりするのです。

折りにふれ，意識させ続けることが大切です。

●もう１つの実験方法

4つのポジションに関連した実験がもう１つあります。

① 4～5人のグループをつくります。それぞれが自分の知人のなかからだれでもよいので，肯定的なイメージを抱く人を１人と，否定的なイメージを抱く人を１人決めます。これは，ほかの人には知らせません。

② 1人がほかの人の前に座ります。ほかの人が向かいに座ります。

座り方　　　　　　　・イメージしている様子を観察する

③ 前にいる人は，表情は特につくらずに，肯定的なイメージを抱く人を思い浮かべます。ほかのメンバーは表情を観察します。

④ 前にいる人は，表情は特につくらずに，否定的なイメージを抱く人を思い浮かべます。ほかのメンバーは表情を観察します。

⑤「どちらの方が背が高いですか」「どちらの方が髪が長いですか」などと，どちらかをイメージする質問をして思い浮かべてもらい，いまどちらを思い浮かべているか当てていきます。当たっていれば「当たり！」と言います。

⑥ 何回かやってみたら，観察していたメンバーから，どのような違いがあったのかを伝えます。

⑦ 役割を交換しながら全員が行います。

⑧ 気づいたことや感想をいまのグループ話し合います。

⑨ まとめ

　心で思っていることは言葉にしなくても，何らかのサインが相手に伝わっていることが確認できると思います。そしてその言葉以外のメッセージが，心のポジションに大きくかかわっているのです。

3 人間関係のスキルを身につける

心のポジション

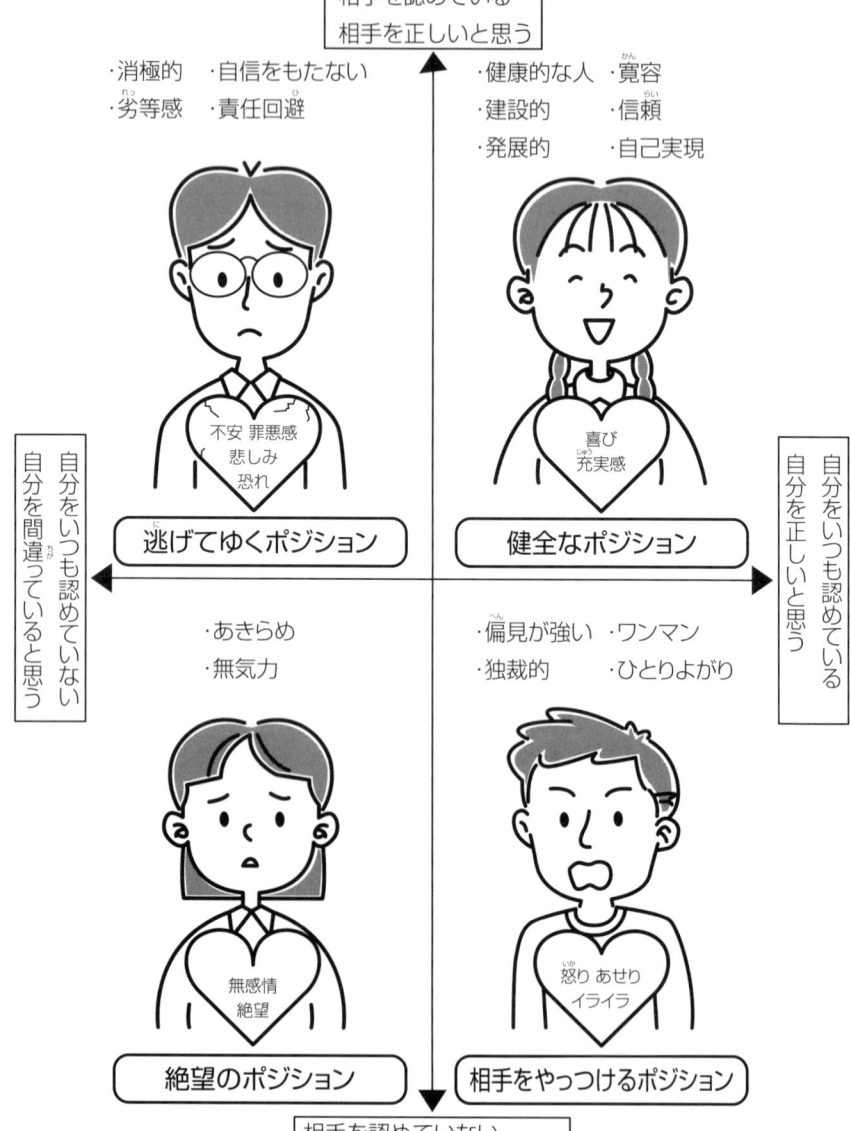

相手を認めている
相手を正しいと思う

・消極的　・自信をもたない
・劣等感　・責任回避

・健康的な人　・寛容
・建設的　・信頼
・発展的　・自己実現

不安　罪悪感
悲しみ
恐れ

喜び
充実感

逃げてゆくポジション

健全なポジション

自分をいつも認めていない
自分を間違っていると思う

自分をいつも認めている
自分を正しいと思う

・あきらめ
・無気力

・偏見が強い　・ワンマン
・独裁的　・ひとりよがり

無感情
絶望

怒り　あせり
イライラ

絶望のポジション

相手をやっつけるポジション

相手を認めていない
相手を間違っていると思う

3 人間関係のスキルを身につける
ほかの人と仲よくなる方法

●概要

　子どもたちは互いに仲よくする方法を知っているでしょうか？　その方法を知らないために，うまく関係をつくれず，孤立してしまう子どももいます。いじめは人間関係のもつれです。もつれないつき合い方，自分にも相手にも気持ちのよいつき合い方を教えることが必要なのです。

　このプログラムでは，仲よくなるための方法として，ポイントを押さえて相手の話を聴く練習をし，人間関係を築くスキルを身につけます。

●プログラムの考え方

　このプログラムは，心理学の「傾聴」の応用です。上手に聴くスキルを身につけると，たくさんの人と仲よくなれます。社会人になると，どんな相手でもつき合っていかなくてはなりません。大人になる練習として，子どものときから「聴く力」を身につけてほしいと思います。

　傾聴のスキルは，特にいじめを受けやすい子どもに身につけてほしいスキルです。いじめられやすい子どもは，人とコミュニケーションをするときにいら立たせてしまうことがあります。聴くスキルを身につけて，コミュニケーション上手になることはいじめられないためにも重要な要素なのです。

●実践エピソード

　「話を聴くことなんてだれでもできる」と思いがちですが，話の聴き方には人それぞれ癖があります。私は，傾聴の実習を，社会人対象の研修で実施していますが，聴く練習にもかかわらず，聴く役割の人が話をとって自分の話をしてしまうことがよくあります。大人でさえ，最初から上手に人の話を聴ける人というのは，とても少ないのです。特に子どもは，聴いてもらうことはあっても，人の話をじっと聴いている経験は少ないものです。「聴く」ことのむずかしさと大切さを伝えます。

3 人間関係のスキルを身につける

> **ねらい**
> ☆これまで親しくなかった人と親しくなり，人間関係をうまく築いていく方法を身につける。

時　間	活動内容	留意点・準備物
0：00	【導入】 ①授業のねらいを知る。 「今日は『だれかと仲よくなるにはどうすればよいのか』について学んでいきます」 ②仲よくなる方法について考え，発表する。 「みなさんは，『この人と仲よくなりたいな』と思ったとき，どのようにしていますか？」 「仲よくなるための方法はいくつかありますが，そのなかでとても効果的に仲よくなる方法を研究した人がいます。その方法を紹介しますので，やってみましょう」	・何人かを指名し，発表させる。意見は受容的に受けとめる。
0：05	【類似性の原理】 ①いままで仲よくなったケースから考える。 「『この人とは気が合うな』『仲よくなれそうだ』と思うときはどんなときでしょう？」 ②類似性の原理を知る。 「私たちは，『似た者同士の法則』といって，自分と似ているところがある人や，共通点がある人と仲よくなりやすいという傾向があります」 ③どのように自分の話に受け答えしてくれる人と仲よくなれそうか，類似性の原理を使って考える。 ④会話を続けたいと思わせるポイントは，「聴く」姿勢にあることを確認する。 「会話をうまく続けたり，この人とは気が合うと思わせたりするのは，『いかに相手の話にペースを合わせて聴けるか』がポイントなのです」	・類似性の原理については，P.65参照。
0：10	【聴く練習】 ①教師のデモンストレーションを見て，話の聞	・ポイントについ

	き方のポイントを理解する。 「それでは，『(1)相手の話のペースに合わせる』を○○さんとやってみます。最近あった面白かったことを話してみてください。（話を聴き，適宜あいづちをうつ）このように，『ふーん』『そうなんだ』などと，相づちをうちながら話を聴きます」	ては，教師が1分程度デモンストレーションをする。 ・子どもと2人でやって見せる場合，応答のほうがむずかしいので，教師が聴き手役になる。
	②2人組になり，1人3分ほどポイントに注意しながら，テーマに関する話題を話す。聴き手は，聴くことに徹する。 「テーマとポイントは，『話の聴き方のポイント』を参考にしてください」 ③時間になったら，感想を伝え合う。話した感想を伝えたら，役割交代する。 ④それぞれのポイントについて，②〜③と同様に行う。 「2人とも十分に相手の話が聞いたら，『私は○○だと思います』『私は○○だと感じました』と，自分を主語にして自分の気持ちや意見を伝えましょう。うまくできると，自分の意見を相手に受け入れてもらえる可能性が高まります」	・**ストップウォッチなど** ・**「話の聴き方のポイント」プリント（P.94）** ・時間が足りずポイントの(6)まで行えない場合，(6)は補足として必ず説明する。
0：42 0：45	【まとめ】 ①聴く体験をした感想を発表する。 「私たちはだれでも自分の話を聴いてほしい，気持ちをわかってほしい，認めてほしいと思っています。だから，上手に話を聴いてくれる人が好きですし，必要なのです聴き上手になると自然に友達が増えていきます」 「日々の会話でも，意識しながらこの方法を活用してください。『聴く力』は大人になっても使えるみなさんのかけがえのない財産になります」	・挙手させ，何人かを指名して発表させる。

●実践のポイント

　傾聴のプログラムは，実際に話し始めてしまうと，それぞれの組で話が盛り上がって騒がしくなり，指示が通らなくなるため，まとまりがなくなります。以下の3点を最初にしっかり伝えてから行ってください。
①「聴く」とはどういうことか，わかりやすく説明する。
②どのように聴くとよいのか，プリント（P.94）のポイント1つずつについて，今回はどのポイントに注意して聴くのかデモンストレーションをする。
　一緒に悪い例も見せると，より差がわかりやすくなる。
③ポイントに注意して聴くことでどんなメリットがあるかを1つずつ伝える。

●アレンジ・応用の方法

　アレンジを加えることで，「聴く」ことの大切さを実感させることもできます。例えば，
①わざと聞くふりをして，ほかのことを考えながら聞く。
②わざと話を聞かないで，「それよりさ……」と自分の話にすりかえる。
③わざと言うことすべてに反論する。
④わざと興味がなさそうに対応する。
　このような対応をされたときどんな気持ちになるか体験するというのも，面白く学べる方法です。

●実践後のフォローアップ

　傾聴のスキルは1回やれば身につくものではありません。短い時間でもよいので，ときどき「聴く」ことに的を絞って繰り返し行うとよいと思います。
　休み明けの学級活動やホームルームなどで，休み期間中にあったことを相手に話し，もう1人は「聴く」スキルを意識して聴くというような練習を繰り返すと，子どもたちに定着させることができます。

●もう１つの実験方法

　今回は６つの視点から傾聴の練習をしましたが，このほかにも効果的に仲よくなるためのヒントがありますので，紹介します。
①話し手は最近のできごとなどを話し，聴き手は相手の話すスピードよりも速く（ゆっくり），あいづちをうったり反応したりします。スピードはわざと合わせないようにして，肯定的な返事をしながら聴いていきます。
②聴いてもらってどのような感じがしたか，聴きながらどのように感じたかを互いに話し合い，フィードバックします。
③次に，話し手の話すスピードに合わせながら，否定したり，反対したりしながら話を聴いていきます。
④先程のペースを合わせないで肯定されたときと，どのような違いがあったのか，感想を互いにフィードバックします。
⑤役割を交代して，同じように行います。
　この実験では，話すスピードが相手に与える影響の大きさに気づくことができきます。
　このほかにも，相手の姿勢や，身ぶり手ぶりをさりげなく合わせていく，相手の呼吸のペースに自分の呼吸を合わせていくなどの方法もあります（詳しい進め方は，P.127「言葉のペーシング」を参照）。
　これらの方法を試してみると，動作を合わせることも，相手が心地よく話を聴いてもらったと感じるために，大切であるということが実感できます。

話の聴き方のポイント

(1) 相手の話のペースに合わせる（テーマは最近あった面白かったことなど）
- 相手の話のペースに合わせ，あいづちをうったり，「ふーん，そうなんだ」「それで」などと言ったりし，相手の話に興味を示しながら聴く。
→うまくできると，相手の心が開き，話がはずむ

(2) 価値をあわせる（テーマは自分が好きなものなど）
- さきほどの課題であるペースを合わせてあいづちなどをうちながら，ときどき相手が話した内容を肯定しながら話を聴く。「それいいよね」「私もそう思うよ」などを使いながら否定せず，肯定しながら話を聴く。
→うまくできると，相手との心の距離が近づき，仲よくなれる可能性が高まる

(3) 相手が言いたいことを繰り返す（テーマは将来の夢など）
- 「……なんだね」というように，相手の話のなかで大切だと思うキーワードをそのまま繰り返す。
→うまくできると，相手は自分の考えがまとまって，うれしくなったり元気になったりする可能性が高まる

(4) 内容を確認しながら聴く（テーマはちょっと困っていることなど）
- 「あなたが言いたかったことは，○○ということですね」というように，話している内容を確認しながら聴く。
→うまくできると，自分の悩みの解決策や解決のためのヒントを見つけ出すことにつながり，感謝される

(5) 相手の話の裏にある気持ちをくんでいく（テーマは最近のワクワクハラハラしたことなど）
- 相手が話す気持ちの部分を言葉にする。「それはラッキーだったね」「よかったね」「それは残念だったよね」などの気持ちをくんでいく。
→うまくできると，うれしい気持ちはさらにうれしさが増し，つらい気持ちは軽減されるので，相手にとってありがたい存在になる可能性が高まる

(6) 十分に相手の話を聴いたあと，私メッセージで気持ちや意見を伝える
- 十分に相手の話を聴いたあとに，「私は○○だと思う」「私は○○だと感じた」というように，自分を主語にして自分の気持ちや意見を伝える。
→うまくできると，自分の意見も相手に受け入れられる可能性が高まる

4 いじめから意識の焦点を変える
いまの自分から夢を引き出す

●概要

いじめをやめさせるには，行動を止めるのではなく，違う行動に置きかえさせるほうが，より強く行動を改善できます。

このプログラムでは，自分の得意なことなどを書き出して夢を導き出し，導き出した夢がかなったところを地図にまとめます。この地図は視覚に訴えるので，一目で夢がかなったときの成功イメージをつかむことができ，成功したいという欲求を引き出し，夢に意識が向かうようになります。

●プログラムの考え方

このプログラムは，秋田稲美が行っているコーチングをベースにした「ドリームマップ」というプログラムを参考に，アレンジしたものです。ここでは夢への障害も明らかにし，突破する過程も組み入れました。この過程で，自分の力に気づき，もやもやをすっきりさせる効果もあります。

夢はいじめに使っているエネルギーを生産的な方向へ導く力があります。また，いじめなどの問題行動をしたくなっても，その行動が夢の実現を阻むことにつながることがわかると，歯止めがきくようになります。夢を考えさせることは直接的な指導に思えないかもしれませんが，大きな意味があるのです。

●実践エピソード

ドリームマップをつくってみた子どもたちからは，「『自分はこんなことを望んでいたんだ』という自分の夢に初めて気づいた」「夢を実現させることが楽しくなってきた」「夢を実現できる気がしてきた」「自分にもこんな力があったのかと驚いた」などという感想がありました。

このプログラムを行っていると，その場の雰囲気が明るく力強く変化していくのを感じることができます。夢を描くことはその人のエネルギーを引き出し，前向きな姿勢にすることがわかります。

> **ねらい** 👉
> ☆自分の夢を明確にすることで，視点を夢に向け「いじめない，いじめに負けない心の体力」をつける。

時　間	活動内容	留意点・準備物
0:00	【導入】 「今日は自分の夢を見えるかたちにするために『ドリームマップ』をつくります」	
0:05	【夢を引き出す5つの質問】 ①ワークシートを使いながら，質問に答えていく。 「5つの質問の答えを，夢を見つける手がかりにして，どんな夢を実現してみたいか考えてみましょう」	・「夢を引き出す5つの質問」ワークシート（P.101）
0:20	【ドリームマップの作成】 ①5つの質問をもとにして，ドリームマップを作成する。 「質問から，自分が求めている方向性のヒントを得た人もいると思います。これから，その夢を『ドリームマップ』にしていきます。夢がまだ見つからない人は，いま質問に回答したなかからヒントをもらってドリームマップを作ってみましょう」 「ドリームマップとは，自分の夢がかなったところを描き込む地図です。夢がかなったらどうなっているのかを想像して，そこへぜひ行ってみたいと思える楽しいものに仕上げていきましょう」 「夢は1つでなくてもよいので，あとでほかの夢が見つかったら，新しいドリームマップを作り直せます。今日の時点では，いま思いついたことを材料にドリームマップを作ってください」 ②紙の真ん中の丸の中に，いつ，何を実現したいのか書き込む。	・「ドリームマップ」記入用紙（P.102） ・記入用紙はA3程度に拡大する。 ・イラストなどを描き入れるとよりよい。

	③左上に，夢が実現したときのイメージ（成功した②のシーン）を具体的に書き入れる。文章でもよいし，イラストを描いたり，あとでイメージに近い写真の切り抜きなどを貼ったりしてもよい。 ④右上には，夢が実現したときに味わいたい感情を書き入れる。その感情を感じている自分の姿をイラストで描く。 ⑤左下に，夢を実現させるために工夫したことを3つ書き入れる。 ⑥右下に，実現したらどのようなよいことが待っているのかを想像して書く。イラストも描き入れる。 ⑦完成したら，自分が作成したドリームマップをながめる。	・イラストや写真は，事前に用意させてもよい。
0：45	⑧4〜5名のグループになり，ドリームマップを作成した感想を話し合う。	・この時点では，まだお互いのドリームマップは見せず，感想を話し合う。

```
お店にはたくさんの人達が            やった〜
お菓子を買いにきて、                できた！うれしい〜！
みんなが笑顔で帰っていく

            2017年7月
            みんなに喜ばれる
            お菓子屋さんを開く

1. 喜んでもらえるお菓子の研究       人気のお菓子屋さんとして
2. かわいいディスプレイ             雑誌でも紹介された
3. 元気になるビタミン入り
```

	休憩	
0:55	【夢を発表する】 ①さきほどのグループのなかで，お互いにドリームマップを発表し合う。 「いまつくったドリームマップを，グループで発表し合います。発表は1人2分ずつです」 ②1人2分程度，グループ内で順に発表する。 「発表者は『これから私のドリームマップを発表します』というあいさつで始め，『これで私のドリームマップの発表を終わります』で終わってください。発表が終わったら，ほかの人は拍手するのが約束です」	・ストップウォッチなど ・時間を計り，2分ごとに「交代です」と声をかける。
1:05	【夢の実現を阻むものを突破する】 ①夢の実現を阻むものを考え，破ってもよい紙にそれぞれ書き出す。 「例えば，『なまけ心』『どうせかなうはずもないというあきらめ』など，いくつでも思いつくものを紙に書いてください」 ②書き終えたら，グループになり「夢の実現を阻むものを壊す」アクションをする。 「グループになって，ほかの人に自分の書いた紙を持ってもらい，勢いよく紙を突き破りましょう。1人に，自分の作ったドリームマップを持って，紙の向こう側に立っていてもらいます。突き破る前には，夢を宣言して『実現するぞ』『えいっ』などと声を出すともっと効果があがります」 ③夢の実現のためにいまできることは何か，夢を形にし，障害を突破したことをどう感じたかを話し合う。	・新聞紙など，破ってよい紙（予算が許せば人数分の模造紙），マジック ・全員の前でデモンストレーションを行ってやり方を示す。

	・勢いよく突き破る。　　　・1人のときは……。	
1:30	【まとめ】 ①ドリームマップを見直し，これからどのように見ると効果的かを知る。 「今日は，夢をドリームマップというかたちにしてみました。夢は具体的に成功したところを思い浮かべることが大切ですので，何度でもこのドリームマップを見てください。それから，いままでは気がついていなかったことに，ドリームマップをつくったことで気づけた人もいると思います」 ②夢の実現を阻むものが生じたときの対処法を確認する。 「夢の実現を阻むものを書き出して紙を破るとアクションもしました。これには，書き出すことで障害がわかるという利点と，突き破ることで『障害を乗り越えよう』と思う意志の力を引き出せるという利点があります。もし障害が出てきたら，今日の突き破った力を思い出し，障害を突き破って前に進む力があることを思い出してください」 ③ドリームマップは，作り直すこともできることを確認する。 「ドリームマップをつくって毎日見ていると，夢の実現の仕方を毎日目にすることになります。また，もし新しい夢ができたら，新しいドリームマップを作って，夢の方向に進んでいくことができます。夢を実現して望む未来を手に入れてほしいと思います」	
1:40		

●実践のポイント

事前にドリームマップを製作することを予告しておき,どんな夢があり,どんなかたちにまとめるかをあらかじめ考えさせておくこともできます。また,必要であれば雑誌や写真の切り抜きなどを用意させ,後日ドリームマップ製作の時間をとる方向でも進めることができます。自分の夢を考える時間は,長くとりたいので,時間が許せば2時間続けて行います。

ここでイラストやコラージュを活用して視覚に訴えることで,夢が無意識に届き,夢の実現が加速すると言われています。文字だけでなくイラストや切り抜きをつかった楽しいドリームマップに仕上がるようにサポートします。

●アレンジ・応用の方法

作成したドリームマップは,目につくところに貼っておくと,さらに効果を発揮します。頻繁に目にすることで,自分の夢をつねに意識することにつながるのです。

学校の教室に貼ってもよいですし,教室に貼れないときは家で貼ってもらったり,ファイルして何度も見直したりすることで,子どもの目にふれる機会を増やすよう配慮します。

●実践後のフォローアップ

夢を見つける作業がドリームマップのプログラムの中心ですから,夢の実現に向けていまできることを見つけて行動に移すことを促し,行動している子どもたちを認めていく作業を行うと,夢のパワーが長続きします。

いつ,何をどれくらいするのかという具体的な行動計画を立てたり(「夢実現プロジェクト」P.111参照),その行動を実行してみた感想などを聞いてみたりします。子どもがめざす夢のためにがんばっているのにうまくいかないときは,夢の具体的な実現方法をその子どもの状況に合わせて軌道修正していけるように,導いていきます。

参考文献:秋田稲美『ドリームマップ―子どもの"生きる力"をはぐくむコーチング』大和出版,2006年。

夢を引き出す5つの質問

(1) 生まれてからいままでで好きだった遊びはどんな遊び？

(2) いままでで一番がんばったことは何だろう？

(3) 自分がうれしくなったり，笑顔になれる場所はどこ？

(4) いままででであこがれたり，なってみたいと思った職業は何？

(5) 何でもかなうとしたらどんなことを実現してみたい？

4 いじめから意識の焦点を変える

ドリームマップ

成功して感じてみたい感情

どんなよいことが起こりそうか

成功イメージ

成功させるために工夫したこと
① ② ③

4 いじめから意識の焦点を変える
夢を実現する方法を考える

●概要

夢がいじめに使っているエネルギーを生産的な方向へ導くことは，既に述べました。ここでは，別の角度から夢を考え，まとめるプログラムを紹介します。

このプログラムでは，まず，目標をもつことの大切さを体験から理解します。そのうえで，実現したいこととそれに必要なことを考えます。最後に，具体的なスケジュールまで組み立てることで，夢に向かって何をすればよいかをはっきりさせることができます。

●プログラムの考え方

「ドリームマップ」では成功イメージを明確にする作業をしましたが，ここではさらに詳しく，実現したい夢を見つけ，夢に向かっての行動を考えます。「なりたい自分」という夢を見つけ，その夢はかなうと信じ，その夢を実現するための行動に時間を費やすと，いじめを行う理由も時間もなくなるのです。

●実践エピソード

2章で詳しく述べましたが，実際に実践したなかにも，なかなかいじめをやめられなかった子どもが，夢の実現に目を向けて「いじめをしている時間がもったいない」「いままでムシャクシャしてきた言葉も，自分がよくなるために言ってくれていると思えるようになった」と思えるようになったり，いじめられて相談に来ていた子どもが，「将来は何になりたい？」という質問をきっかけに，「将来のためにいま何ができるのか」と前向きになったりという事例がありました。このように，視点を夢に向けることは子どもたちにパワーと方向性と指針を与え，前向きな行動へと変容させる効果があります。

なお，このプログラムは2時間続きの内容です。続けて行えない場合は，前半と後半の2回に分けて行います。

4 いじめから意識の焦点を変える

> **ねらい** 👆
> ☆自分の将来について考え，具体的な夢をもつことができる。
> ☆自分のエネルギーと時間を，夢の実現に使おうと思える。
> ☆現在のことだけでなく，未来を考えた長期的な視点をもつ。

時　間	活動内容	留意点・準備物
0:00	【導入】 「今日は夢がどのくらい自分にパワーを与えているのか実験で確かめ，自分の本当に望んでいる夢を見つけたいと思います」	
0:03	【歩く実験】 ①夢をもつことが自分にどのような影響をもたらすかを知る。 「夢がどんな影響を与えるかを確かめる簡単な実験がありますから，まず，実験で確かめてみましょう」 ②2人組になる。 ③1人が「ただ何となく」歩き，もう1人は途中で手を出して歩く邪魔をする。 ④歩く人は歩く先に「輝かしい夢が実現した未来が待っている」とイメージして歩き，もう1人が途中で手を出して邪魔をする。 ・手を伸ばして邪魔をする。	・夢をもつことに焦点を合わせる。 ・机を寄せるなどして，適宜歩くスペースを確保する。 ・1組を指名し，全員の前でデモンストレーションさせる。

104

	⑤役割を交代して同様に行う。 ⑥2つの歩きにどのような違いがあるのか，2人組で話し合う。 ⑦違いを確認できたら，どんな違いがあったのかを発表する。 ⑧実験を振り返る。 「何となく歩いたときは，スピードもゆっくりで，邪魔されるとすぐ立ち止まったり，とまどったりしたと思います。輝かしい未来をイメージして歩いたときは，スピードも早くなり，妨害が気にならないパワーで進んだ人が多かったと思います」 「このように，夢を具体的にもつと，私たちの力はパワーアップして，障害があっても気にせず前に進めます。夢を持つことは自分にとても役に立つことなのです」	
0:10	【自分の夢を見つける魔法の質問】 ①自分の夢を見つける5つの質問に答える。 「夢をもつとよい影響があることを，歩く実験で確認できたと思います。次は，本当に自分が望んでいる自分の夢とは何なのかを，5つの質問を使って見つけます」 ②教師が1問ずつ読み上げるのにしたがって，質問を考え，答えを書き込む。 「ワークシートには全員で一緒に取り組みます。1つの質問に，3〜5分の時間をとります。先に終わっても，全員で次に進むので，残りの時間は質問の答えを考え，見つけることに使って待っていてください」	・「夢を見つける魔法の質問」ワークシート（P.109） ・「魔法の質問 言葉かけ例」(P.110)を参考に，1問ずつ，子どもが答えを書き終えたら，質問の意味やメッセージを伝えながら進める。
0:35	【夢を実現する方法を見つけるウェビング】 ①「夢を見つける魔法の質問」の答えをもとに，ウェビングをする。 「夢への手がかりが見えてきたでしょうか。次は，その夢を実現する方法を見つけます。実現する方法はたくさんありますが，自分の中からその方法を引き出していく，ウェビング	・A3かB4の紙 人数分

という手法を行います」 ②紙の真ん中に「なりたい自分」と書いて丸で囲む。 ③次に5つの質問の答えを参考にしながら，どんな自分になりたいのか具体的に書き，丸で囲んで線でつなぐ。 ④③で書いた「なりたい自分」のキーワードから思いつくことを次々に書いて丸で囲み，線でつないでいく。 ⑤思いつかなくなったら，「なりたい自分」に戻り，ほかの面でのなりたい自分を考えて書き込み，丸で囲んで線でつないでいく。	・板書で例を示しながら手順を説明する。 ・③〜⑤の作業を10分間，各自のペースで進める。 ・子どもの様子を見ながら，適宜アドバイスをして発想を広げさせる。
0：45	

```
         家の手伝いとかも
          ちゃんとやる          英語をがんばる

   ゲームを          早寝早起き     アメリカに
  やりすぎない                     留学する

              規則正しく生活する自分   宇宙飛行士

                なりたい自分

         自立した人     集中できる自分
                                    数学が得意
           人の意見に
          まどわされない   集中力を高める訓練をする
```

ウェビングの例

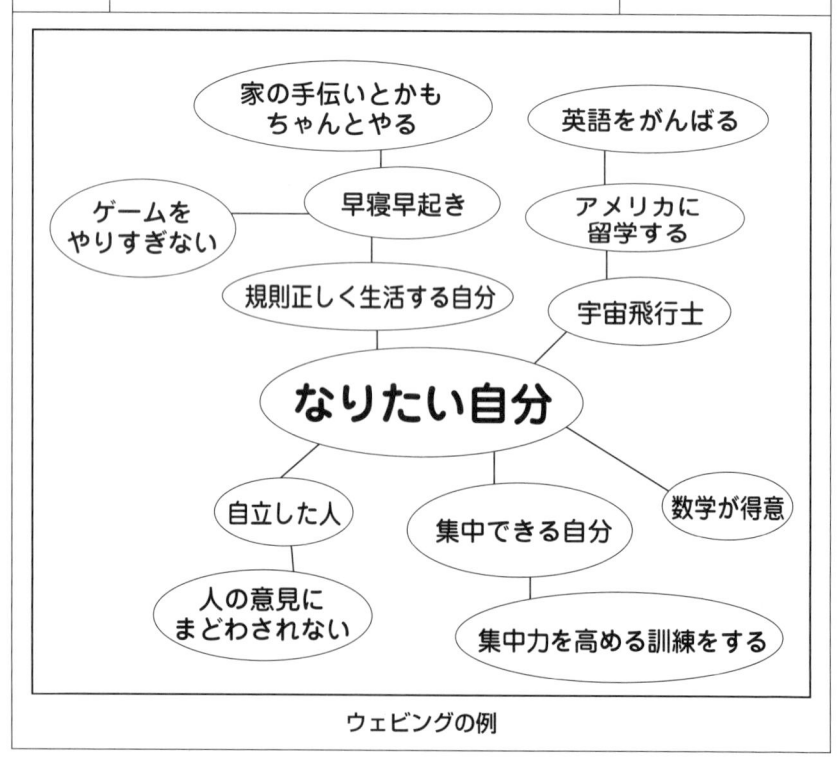

第3章 学級で行ういじめ対処&予防のプログラム

	休憩	
0:55	【夢を実現するためのプロジェクト】 ①5つの質問とウェビングの答えをもとに,夢を実現する具体的な方法を考える。 「いろいろな方向性で自分の夢への切り口が見つけられたと思います。そのなかから,一番取り組んでみたいものを1つ選んで,夢実現プロジェクトを作成しましょう」	・「夢実現プロジェクト」ワークシート(P.111)
1:15	②スケジュールを考え,ワークシートにまとめる。 「夢実現プロジェクトを成功させるために,いつ,何を,どれくらい行えばいいのか,スケジュールをつくってみましょう」	・「夢実現プロジェクトスケジュール」ワークシート(P.112)
1:30 1:40	【まとめ】 ①グループになり,ここまで行ってきた夢を考える授業について,感想を話し合う。 ②グループごとに,話し合って気がついたことや,感想を代表が発表する。 「今日は,夢を持つことがどれくらい自分に影響を与えるのか実験で確かめました。そして,自分が望んでいる『なりたい自分』という目標を見つけました。次に,その目標の夢を実現するために何ができるのかを見つけ,最後に,行動に移せるようにスケジュールも作成しました。これからが,夢を実現するためのスタートです。もし,うまくいかなかったら,そのときの状況に合わせて軌道修正しながら,自分の望む夢を実現してください」	

107

4 いじめから意識の焦点を変える

● **実践のポイント**

　歩きの実験で目標（夢）をもつことが大きな影響をもたらすと知ると，子どもたちは驚きます。そして，自分のためにも夢を見つけたいと感じるようになるのです。この実験を導入に入れることで，そのあとの夢を見つける作業が主体的になります。

● **プログラムの活用方法**

　このプログラムはいじめられている子どもの援助にも効果を発揮します。2章でも述べましたが，いまがつらくても，自分には輝かしい未来が待っていると思うことはつらさを乗り越える力になります。いじめから不登校になるケースもありますが，夢の実現にいまの時間が大切であると思うと，必要な行動ができるようになります。どう夢を実現したいのかを考えて，学校に行くことを選んだり，学校に行かないならどうするのかを考えたりできるのです。

　2章で述べたように生徒指導に「自分の夢」を役立てている学校もあります。子どもが問題を起こしたとき，「君の夢は何だったっけ？」と聞き，「いまの行動は夢に役立つのか，それとも遠ざかるのか」と質問するのです。そうすると，多くの子どもは問題を自主的に改善するのだそうです。このプログラムで子どもが求める夢に視点を合わせることは，その後の指導にも役立ちます。

● **実践後のフォローアップ**

　夢は進化していきます。一度夢を見つけたあとも，いろいろな方法を用いて，いまの自分が求めている夢を確認し続けることが大切です。同じ方法で毎年夢がどう進化しているのかを見るのもよいでしょう。夢を見つける方法を教わったあと，自分一人で何回も繰り返しやる人もいます。そうする人はどんどん夢がかなっています。

　大切なことは，見つけた夢を実現できると信じることです。ここで述べている手法以外にも，未来時間イメージレベル（P.115参照）を繰り返して，レベル3に切りかえられるようにしたり，タイムマシントラベル（P.118参照）を活用したりして，フォローアップをするとよいでしょう。

夢を見つける魔法の質問

名前　_____

(1) いまの自分はどんな自分？ 思いつくことを自由に何でも書いてみよう。

[　　　　　　　　　　　　　　　　　　　　　　　　　　　　]

(2) 自分のよいところや得意なことは？ 人と比べる必要はないので，自由に書いてみよう。

[　　　　　　　　　　　　　　　　　　　　　　　　　　　　]

(3) 自分の弱みや改善したいところは？

[　　　　　　　　　　　　　　　　　　　　　　　　　　　　]

(4) もし，どんな願いでもかなうとしたらどのような人になりたい？

[　　　　　　　　　　　　　　　　　　　　　　　　　　　　]

(5) 本当に手に入れたいものは？

[　　　　　　　　　　　　　　　　　　　　　　　　　　　　]

魔法の質問　言葉かけ例

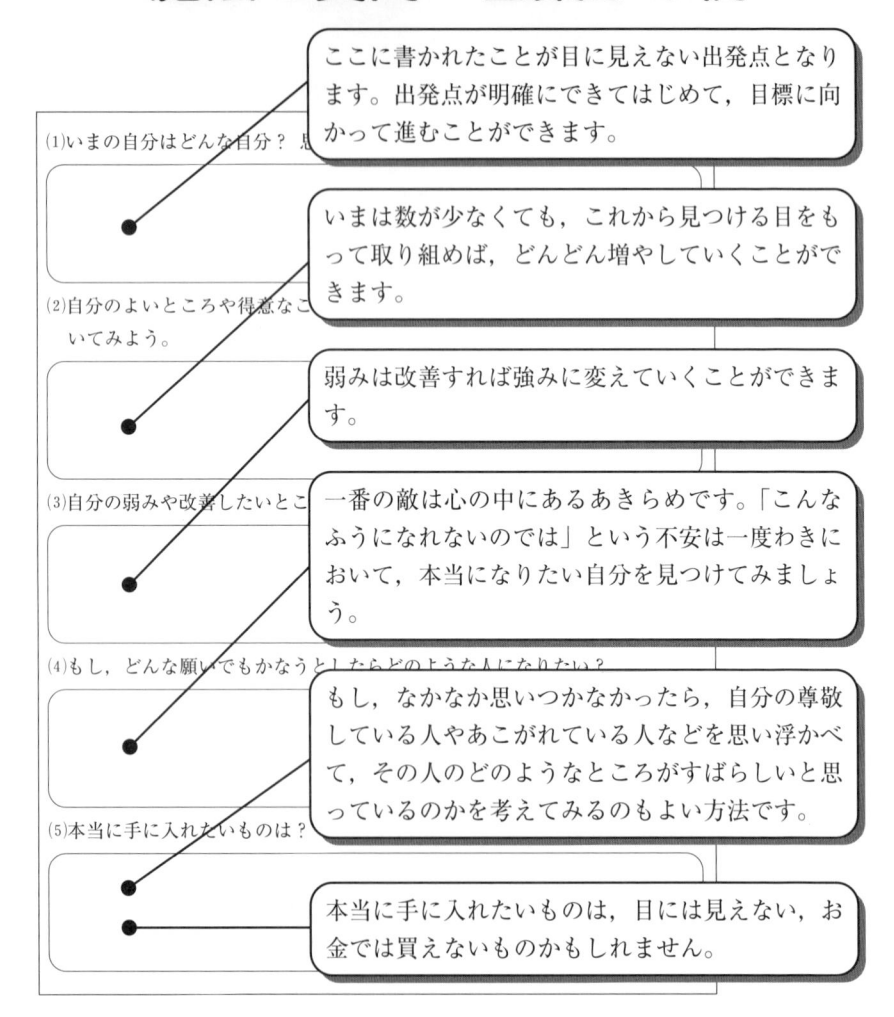

(1) いまの自分はどんな自分？

> ここに書かれたことが目に見えない出発点となります。出発点が明確にできてはじめて，目標に向かって進むことができます。

(2) 自分のよいところや得意なところを書いてみよう。

> いまは数が少なくても，これから見つける目をもって取り組めば，どんどん増やしていくことができます。

(3) 自分の弱みや改善したいところ

> 弱みは改善すれば強みに変えていくことができます。

(4) もし，どんな願いでもかなうとしたらどのような人になりたい？

> 一番の敵は心の中にあるあきらめです。「こんなふうになれないのでは」という不安は一度わきにおいて，本当になりたい自分を見つけてみましょう。

(5) 本当に手に入れたいものは？

> もし，なかなか思いつかなかったら，自分の尊敬している人やあこがれている人などを思い浮かべて，その人のどのようなところがすばらしいと思っているのかを考えてみるのもよい方法です。

> 本当に手に入れたいものは，目には見えない，お金では買えないものかもしれません。

　5つの質問に対して自分から出てきた答えをながめてみましょう。ここに書かれている答えのなかに，自分の求めている夢へのヒントが隠されています。2つ目の質問で自分のよいところや強みを増やした自分が目標となってもよいですし，3つ目の質問に出てきた弱みを全て克服した自分でもよいですし，4つ目の質問で出てきた答えが目標の人がいるかもしれませんし，5つ目の質問で手に入れたいものを手に入れることを目標にしてもよいのです。

夢実現プロジェクト

(1)プロジェクト名

(2)プロジェクトの成功イメージ

(3)プロジェクトの成功のために，した方がよいことを5つ以上あげましょう。
　　① 　　　　　　　　　　　　　　　　　　　　　　（　　　）
　　② 　　　　　　　　　　　　　　　　　　　　　　（　　　）
　　③ 　　　　　　　　　　　　　　　　　　　　　　（　　　）
　　④ 　　　　　　　　　　　　　　　　　　　　　　（　　　）
　　⑤ 　　　　　　　　　　　　　　　　　　　　　　（　　　）
　　⑥ 　　　　　　　　　　　　　　　　　　　　　　（　　　）
　　⑦ 　　　　　　　　　　　　　　　　　　　　　　（　　　）

(4)プロジェクトの成功は，自分にとってどんな意味がありますか。

(5)プロジェクトの成功は，周りの人にとってどんな意味がありますか。

夢実現プロジェクトスケジュール

いつ	何をどれくらい	自己評価

※スケジュールは，やりながら随時修正していきましょう
大切なことは，スケジュールをこなすことではなく，自分の夢を実現するために軌道修正しながら前に進むことなのです。

4 いじめから意識の焦点を変える
人生のスケジュールを考える

●概要

　このプログラムでは，これからの人生で実現したいことを考えます。それを通じて，短期的な考え方から，20年，30年先を考えられる長期的な考え方へと視点を広げ，問題を感じて行き詰まっているいま現在の悩みから視点を外すことができます。

　特に，いじめられている子どもへの援助として使うことができます。また，「死にたい」と考えているかどうかを知る手がかりにもなります。死にたいと考えていれば，予定寿命を短く書く傾向があります。もし，いまの年齢から10年未満で書いていたら，否定せずそれを受けとめ，「書き直したくなったら寿命は延ばせる」と伝えます。

●プログラムの考え方

　このプログラムは，交流分析や解決志向ブリーフセラピーに基づきます。未来を時間軸で考え，ラインを使うと，漠然とした夢が整理できます。

　子どもに伝えたいのが，「いじめのために，自分の未来を台無しにするというのはもったいない」ということです。悲しむ人がいるという現在の視点も大切ですが，将来自分を必要とする人に出会えない，という未来にかかわる視点も必要です。自分にとっても将来出会う人にとっても残念なことだと理解し，未来を考えて，自分を大切にする気持ちをもってほしいと思います。

●実践エピソード

　子どもから大人まで幅広い対象にこのプログラムを実践していますが，どの年齢でもそのときに必要なことに気づけるようです。「いままでは夢があまり思い描けなかったけど，実現したい夢が見つかった」「いつ何を実現したいのかを明確にしたら，いま何をしたらよいのかがわかった」という声を多く聞きます。未来に視点をおくことで，いまを変える力を実感できるのです。

4 いじめから意識の焦点を変える

> **ねらい** 👆
> ☆実現したい自分の夢を見つける。
> ☆未来時間イメージレベルを理解し，夢を実現できる力を得る。

時　間	活動内容	留意点・準備物
0：00	【導入】 ①授業のねらいを知る。 「未来について考えたことはありますか？　未来は，○○しようと考える先にあります」 ②未来を考えることの大切さを知る。 「メジャーリーグで活躍している，イチロー選手，松井選手，野茂選手には共通点があります。子どものころ，将来こうなりたいという具体的な将来の夢を，明確に作文に書いているのです。今日は作文にはしませんが，どうなりたいかを明確にしていきましょう」	・いまの自分の行動が未来に大きく影響していることに気づかせる。
0：05 0：30	【将来実現したいことベスト10】 ①ワークシートに何歳まで生きたいか，予定寿命を書き込む。 ②現在の年齢は丸の中のどの辺りか，点を書き入れる（点から先がこれからの人生）。 ③今後の人生で，何でもかなうとしたら何歳で何をしたいか，「望む将来にするために実現したいこと」10個を目標に書き込む。 ④書いた内容を見ながら，これからの自分の人生にタイトルをつける。 ⑤書いてみてどんな気持ちがしたか，感想を4人程度のグループで話し合う。 「話し合いでは，『それは無理だよ』『かなうわけないよ』とは絶対言わず，受け入れます」	・「将来実現したいことベスト10」ワークシート（P.117） ・②③で10分程度取り組む。書き方は右図参照。 ・元気が出る響きのものがよい。 ・話してもよい部分を話し，秘密にしたい部分は秘密にさせる。
0：40 0：45	【未来時間イメージレベル】 ①夢に対するイメージレベルを考える。 ②イラストを提示して，レベルを確認する。 「レベル1や2なら，レベル3に切りかえましょう。夢は実現するに違いないと思ったときから，実現に近づいていくのです」	・「未来時間イメージレベル」（右図）

	休憩	
0:55	【タイムマシントラベル】 ①「将来実現したいことベスト10」で書いたなかで1番実現したいものを選び，それが実現した未来にタイムマシンで移動する。 「何年後，何年何月何日のどこに飛ぶかを決めて，明確にイメージします。イメージできたら，ワークシートに書き込んでください」 ②実現した将来をイメージする。 「周りには何が見え，だれと一緒で，どんな服装をして，どんな話をしていますか」 ③イメージのなかで未来の自分から，いまの自分へメッセージをもらう。 ④メッセージを受け取ったら，その少し前（1～2年程度前）の自分を想像する。 「夢を実現するために何をしていますか」 ⑤ワークシートにいま見た様子や，未来の自分から受け取ったメッセージを書く。	・「タイムマシントラベル」ワークシート（P.118） ・シナリオ・タイムマシントラベル（P.171） ・自由にイメージできるよう，あせらせず，時間に余裕をもたせて進める。
1:30 1:40	【まとめ】 「私たちはだれでも，努力によって自分の望む未来を手に入れることができます。そのために大切なことは，本当に実現したいことを見つけることと，その夢は実現できると信じることです。将来実現したいことベスト10でいつでも自分の夢を確認して，未来時間イメージレベルを3に切りかえながら，皆さんの望む未来を手に入れてください」	

未来時間イメージレベル

レベル1　しなければならない。
　　　　このレベルだと，自分の欲求に反しているので心も体も重くなって行動が制限される。

レベル2　実現したらいいなあ。でも実現できるか不安。
　　　　このレベルだと，不安やあきらめが行動をさまたげる。

レベル3　きっと実現するに違いない。
　　　　実現を確信しているので，実現に向けどんどん行動し，実現の可能性が高まる。

将来実現したいことベスト10

● 実践のポイント

　このプログラムを効果的に実践するコツは，子どもたちをあきらめから解放することです。「望む未来にするために何でもかなうとしたら……」「何でもかなえられる魔法のチケットを10枚手に入れたとしたら」という言葉を使って，あきらめを一度横におき，望んでいる未来を考えることが大切です。

　子どもたちは，「どうせできっこない」「そんなの無理」「未来には期待できない」という不安をもっています。その呪縛を解いて，子どもと一緒に明るい未来を見つけ，子ども自身が未来はかなえられると信じられるよう，援助することが大切です。自分の心の奥からわき出てくるひらめきと向き合う楽しい時間にしてください。

　それから，限られた時間のなかで行いますが，人によって出てくる夢の数や作業時間はまちまちです。10個の夢を目標にしますが，数にこだわらず，1つでも見つかればよしとしましょう。このプログラムをきっかけに，夢を見つける視点を育むことが大切なのです。そして夢も寿命もいつでも増やしてよいことを伝えます。

● 実践後のフォローアップ

　「このプログラムは簡単なので，気が向いたらいつでもやってみるとよい」と伝えます。一度で自分が望んでいることがすべて出てくるわけではありません。また，何度も行っていると夢が進化していくこともわかります。「一度このプログラムのやり方をマスターしたあと，自発的に何度も行って夢を実現している人もいる」ということを伝えることもよい刺激となるでしょう。

　どのような夢が見つけられたのか，話せる範囲で発表させたり，ふだんの会話のなかでその夢に関する話題をしたりするとよいと思います。2章でも述べたように，人は，自分の夢を考えているときは，悩みから解放されるからです。

　たとえ悩んでも，夢は悩みを解決し前進する力になりますから，子どもたちが見つけた夢を活用できるよう，折にふれて夢に関する話題で声をかけていきます。

参考文献：森　俊夫・黒沢幸子『解決志向ブリーフセラピー』ほんの森出版，2002年。

将来実現したいことベスト10

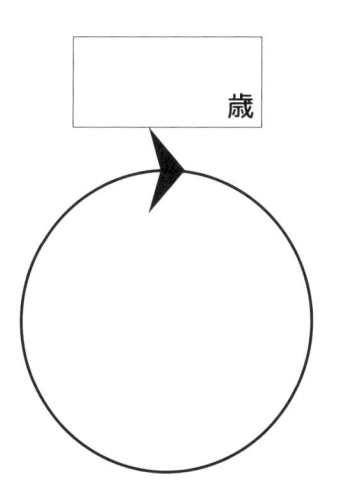

［　　　　歳

タイトル

4 いじめから意識の焦点を変える

タイムマシントラベル

(1) 何年後の何年何月何日何時ごろのどこに行きますか？

(2) 未来のその場所はどのような様子でしたか？ 何が見え，聞こえ，感じられましたか？

(3) 夢を実現した未来の自分からいまの自分へのメッセージは何でしたか？

(4) 夢を実現するために，自分が取り組んでいたことは何でしたか？

(5) タイムマシンで自分の未来を見てきた感想を書きましょう。

第 4 章

個別対応で行う
いじめケアの
プログラム

1 いじめられたつらさを受けとめる

●心といのちを守る

いじめが生じたときに，まず必要なことは，いじめられている子どもの心といのちを守ることです。いじめられた子どもは，いじめられた衝撃で冷静さを失い，死んだほうがましだと思って悩んでいることもあります。いじめられている自分が悪いと自分を責め，いじめられる自分は，社会にとって不必要な存在であるという思考に陥っているケースもあります。また，自殺することを通して，相手に自分のつらさを訴えようとすることもあります。

ですから，まず，「あなたはかけがえのない大切で必要な存在であること」を言葉と態度で伝えることがとても重要です。

いじめられている子どもは，だれが味方なのか，だれを信じてよいのかわからず苦しんでいます。いじめられていることをキャッチしたら，「私にとってあなたは大切な存在である。あなたを守りたい。私はあなたの味方である」と言葉と態度で示し，子どもの気持ちを受けとめることを最優先します。

●子どもたちのサインに気づく

いじめられて苦しんでいる子どもたちは「これだけ苦しんでいるのだから，言わなくても気づいてほしい」と思っています。

また，本当は，助けてほしいというサインを出しているのですが，その出し方はわかりやすいものではありません。自分からカウンセリングルームに「自分はいじめられて困っています」と入って行けることは少なくて，何度も職員室の前に行ってみたり，保健室に行ってみたり，カウンセリングルームをのぞきに行ってみたりというサインを出しています。そのときに察して声をかけ，招き入れて話を聞くことがとても大切です。

●いじめについての態度を表明しておく

いじめられた子どもは，ほとんどの場合，最初からだれかにストレートに助

けを求めることはしません。だれが自分を助けてくれるかを探っています。教師は助けてくれるか，養護教員は助けてくれるか，カウンセラーは助けてくれるかという感触を探っています。心から話を聞いてくれる人，「この人なら自分の助けになってくれる」と思える人でなければ，話をしても無駄だと思って話さないでいることも多いのです。

例えば，いじめている相手が教師の評価を受けている子どもであれば，いじめられている子どもは直感的に自分の話は信じてもらえないと思うでしょう。

また，教師が非常に厳しく指導したりしかったりしているところを見ていると，いじめる子を指導してくれるかもしれないと思う反面，いじめられている自分に原因があると考えている場合は，かえってしかられるのではないかと感じてしまうこともあります。

このように，教師の何げない言動は，子どもたちにとって，自分を助けてくれるかどうかの判断材料になっています。日常から，いじめについてどう考えているか，また，助けを求めたいときはどう言えばよいかを表明しておき，「この人だったら，自分を守ってくれるだろう」と思える存在であることが大切なのです。

●秘密は厳守し，本人の意向を尊重する

この人なら力になってくれるかもしれないと思えたとき，子どもは初めて相談にやってきます。しかし，助けを求めたら，いじめている相手に気づかれて，もっといじめがひどくなるのではないかとおびえてもいます。

訴えがあったときは，まず，話をしているところを見られたり聞かれたりしない，ここなら安全だと思える場所を確保して話を聴きます。また，今後，子どもが苦しくなったときに，いつでも助けを求められる体制を準備します。そのうえで，いじめの改善のための指導を行いますが，このとき，仕返しが行われないよう細心の注意をはらうことが必要です。

具体的には，本人が安心し納得する行動を選びます。例えば，本人が嫌がっているときに，いじめを行っている子どもと直接対決はさせません。また，いじめを行っている子どもに事情を聞いたり，指導したりするときも，いつどのように行うのか，いじめられた子どもの意向を尊重します。

いじめには，即時の対応が必要ですが，心の段階があるので，その段階に達していないときは，本人の意志を確認したうえで待つことも必要です。

●I am OK. You are OK. で接する

　もう1つ,大切なポイントは,子どもと向き合うときの心のポジションです(心のポジションについては,「心のポジションを知る」P.83参照)。

　教師の心のポジションがどこにあるかを,子どもは敏感に感じ取っています。自分がどのポジションにいるかに気がつき,心のポジションをコントロールしながら向き合うことが,いじめられている子どもを援助するうえでとても大切です。

　気をつけなくてはいけないポジションは,「いじめられるお前に原因がある」と思って接するポジションです。実際に,いじめられている子どもに何らかの原因がある場合もありますが,だからといっていじめは許されるものではありません。そのような気持ちのまま子どもに向き合うと,気をつけていても,その気持ちは必ず子どもに伝わります。

　それは,「先生は自分の味方ではない」という強いメッセージになってしまいます。言葉でいくらつくろっても,会話で伝わることがらのうち,言葉で伝わる割合は7％に過ぎません。93％は,無意識に発信している表情や声のトーンなどの態度から伝わっているのです。まず,心のポジションを切りかえ,心の底からいじめられている子どもの味方になってかかわることが大切です。

1 いじめられたつらさを受けとめる
呼吸のペーシング

●概要

いじめられている子どもはおびえや不安から感情が不安定になっています。話を聞く前に、まず安心させることが必要です。このプログラムでは、教師が子どもを落ち着かせる呼吸のペーシングと、子どもが自分で使える呼吸法の練習をします。呼吸をコントロールすることで、感情もコントロールするのです。

●プログラムの考え方

いじめられてつらいときや感情的なときは、呼吸が乱れたり、肩に力を入れて息をひそめるようになったりと、呼吸が浅く早くなります。

呼吸が落ち着くと、感情も落ち着きます。いじめの相談に来た子どもの呼吸が乱れていたら、呼吸のペーシングを使って呼吸を落ち着かせ、何も言わずに相手が話せるまで見守ったり、「何があったの？」と少し質問するだけにして答えを待ったりして、子どもの心情をくむことが大切です。

子どもの呼吸がなかなか落ち着かなかったら、「ちょっと深呼吸してみようか」と言って、一緒に深呼吸します。呼吸と感情は深くつながっていますので、深呼吸することで、落ち着きを取り戻すことができます。

●実践エピソード

私は、このプログラムを行うとき、呼吸法にまつわる自分のエピソードを自己開示します。つらいことがあったときはよく呼吸法を使ったこと。以前は感情が不安定でつらい時間が長かったこと。呼吸法を毎日繰り返したら、感情が安定したこと。いまでも何かあったときは呼吸法を使って安定を取り戻していることなどです。このような自己開示は、行動や感情のペーシングとなります。また、類似性の原理で、この人なら自分のつらい気持ちがわかるかもしれないと思えるので、話しやすい雰囲気をつくるのに役立ちます。

1 いじめられたつらさを受けとめる

> **ねらい** ☝
> ☆呼吸法（子ども向け）：呼吸をコントロールすると，感情のコントロールができることを理解し，呼吸法を身につける。
> ☆呼吸のペーシング（教師向け）：呼吸のペースを相手に合わせることで，相手の呼吸をコントロールする方法を身につける。

時　間	活動内容	留意点・準備物
0：00 0：07	**【呼吸法を身につける】** ①いまの呼吸はどんな呼吸か，手を胸に当てて，呼吸の大きさや深さなどに意識を向け，観察する。 ②南の島などの気分がよいところに自分がいると想像し，リラックスした状態をつくる。 「そのときの呼吸はどのくらいの深さや大きさ，テンポかな。観察して，さっきの呼吸と比べてみよう。違いはあるかな」 ③呼吸と心の状態は深くつながっていることを理解する。 「嫌なことがあったり，それを思い出してつらくなったりしたときは，呼吸は浅く速くなったり，息をひそめたり，息が止まったりします。それに比べて，リラックスしているときは，呼吸は深くゆっくり穏やかになります」 ④ゆっくり大きく呼吸を意識すれば，体から落ち着くことができることを知る。 ⑤呼吸で感情を安定させられることを知る。 「毎日ゆっくり深く大きく呼吸をする練習を1〜2分でも繰り返すと，感情が安定してきます。不安定な感情で，不意に苦しくなったり，不安になったりすることがなくなるから，試してみましょう」	
0：00	**【呼吸のペーシング】** ①2人組になる。 ②1人は自然に呼吸をし，もう1人は相手の呼吸に合わせて呼吸をする（1人3分程度）。 ※ただそれだけでもよいが，よりわかりやすく	

するために，相手の呼吸に合わせて片手を上下に動かす。または，相手の呼吸に合わせて相手の体にそっと触れる。

・相手に合わせて呼吸する。
・呼吸に合わせて片手を上下させる。

③どんな感じがしたのか，呼吸を合わせた相手に感想を聞いてみる。
④役割を交代して行う。

0：10

●プログラムの留意点

　呼吸のペーシングは，子どもに接するときに，教師が呼吸を合わせることで，子どもの呼吸を落ち着かせる方法です。子どもたちに実践する前に，家族や同僚など身近な人に協力してもらって2人組で行います。呼吸のペースを合わせることが，どれだけ相手に影響を与えているのかを確認しながら，呼吸のペースの合わせ方を練習するのです。

　実際に練習してみてわかることは，相手が自分の呼吸に合わせてくれると，とても安心できるということです。無意識のうちに相手に信頼感をおぼえるということを実感できます。

●実践のポイント

相手の気づきを大切にし，相手のペースでゆっくりと進めていきましょう。大切なのは，「呼吸を使えば落ち着くことができる」ということを伝えることです。安心材料を1つ増やせば，それを心のよりどころにできます。

また，深呼吸するだけでなく，胸とお腹に手を当て，呼吸を意識するだけでも落ち着くことを伝えるとよいと思います。

●アレンジ・応用の方法

呼吸法に加えて，もう1つ心を落ち着かせる「センタリング」も行うとよいでしょう。体の中心の一点を意識することで，心を落ち着かせる効果があります。落ち着くための材料の1つとして教えます。

〔手順〕
① へその下指3本分下のところから体の中心に向かう線と，体の厚みのちょうど真ん中の線が交わった一点を意識します。この意識する動作をセンタリングといいます。
② その一点がうまく意識できていれば，体を押されても動いたりぶれたりしません。意識できたら押して確かめてみましょう。確かめるときは，最初に意識しないで肩を押すと体がぶれることを確認してから，へその下の一点を集中してから押すと，違いが確認できます。

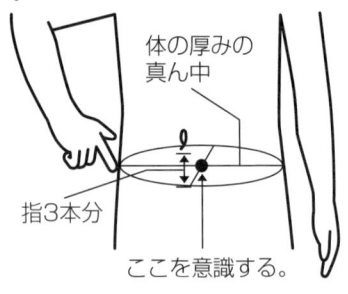

●実践後のフォローアップ

呼吸法やセンタリングは，つらくなったときに効果を発揮しますが，日常生活で行うと，より感情を安定させる効果が強くなります。

お風呂に入ったとき，夜寝る前に布団に入ったとき，電車やバスに乗っているとき，TVを見ているときなど，呼吸法やセンタリングはいつでもだれでも手軽にできます。しばらくは毎日気がついたときにやってみると，心が少しずつ強くなっていくことを実感できると伝えます。

1　いじめられたつらさを受けとめる
言葉のペーシング

●概要

呼吸法で安心できたら，話を聴きます。そこで大切なのは，子どもの話を受け取りながら聴くことです。つまり，指導や助言をしないで，まずは子どもの話に心から向き合い，受け取りながら聴くという姿勢が大切です。ここで使うと効果的なのが，「バックトラックフレーミング」という手法です。話に耳を傾けて，できごとや感情などのキーワードだけそのまま返す手法です。

このプログラムは子ども自身が行うものではなく，バックトラックフレーミングを子どもに対して行うために，教師が事前に練習するものです。

●プログラムの考え方

バックトラックフレーミングを使うと，共感しているというメッセージが届き，相手は，きちんと聴いてもらっていると感じます。会話に違和感がなく抱えている感情を相手に受け取ってもらったと感じられる手法なので，子どもの話を受け取るために，とても効果的です。

つらいことの訴えを聴くときに，この方法を使うと，会話に違和感がなく，とても効果的に子どもの感じているつらさを軽減することができます。

バックトラックフレーミングと同時に使うと効果的なのは，「感情をくみ取る」ことです。具体的にどうするかというと，つらそうな感情を感じたら，「つらかったね」と相手の感情の言語化を手伝うのです。

話を聴いて，相手を受けとめ，共感し，感情をくみ取るというプロセスがうまくできると，「この人は受けとめてくれる，安心できる存在」と認められます。同時に「話すこと＝放すこと」となり，子どもがいじめられた苦しさを手放せます。いじめの改善も重要ですが，いじめを訴えた初期では，だれかが自分の味方になってくれるという安心感が，重要な援助になります。

1 いじめられたつらさを受けとめる

> **ねらい** 👉
> ☆バックトラックフレーミングの仕組みを理解し、身につける。

時　間	活動内容	留意点・準備物
0:00	【バックトラックフレーミング】 ①2人組になる。 ②1人は自由に話をする。思いついたことを話してもよいし、日常の会話のなかで行ってもよい。 ③聴き手は、相手の話に対してバックトラックフレーミングでペースを合わせていく。 ・話のなかで出てくる言葉（できごとや気持ちなど、会話のキーワードになる単語）をそのまま返す。	・時計、ストップウォッチなど
0:05	【言葉以外のペーシング】 ①バックトラックフレーミングのほかに、以下の3点に留意し、自分の話はあまりしない。アドバイスや意見もなるべく言わず、受け取ることに集中して話を聴く。 a.話の速さ 　ポイント：うなずきのペースや間合い、自分の話の速さを相手に合わせる。 b.価値観 　ポイント：もし「○○が好き」と言ったら、自分も肯定的な受け取り方をする。 c.感情 　ポイント：相手が楽しそうなら楽しそうに、相手がつらそうならつらそうな表情にする。	・aからcまで、ポイントに注意しながら、それぞれ5分ほど行う。
0:30 0:35 1:05	【振り返り】 ④会話が終わったら、話をしていてどんな感じがしたのか感想を相手に聞く。 ⑤役割を交代し、話を聴いてもらう。自分が話を聴いてもらったときにどんな感じを受けるのかを確認する。	・練習なので、実際に子どもに対しては、④以降は行わない。

●実践のポイント

バックトラックフレーミングは、要約して自分の言葉で返す「明確化」や「言語化」とは異なります。あくまでも相手が発信している同じ言葉を使って、適切な間合いで繰り返していくことが重要です。

言葉のペースに合わせることが、どれだけ相手の心に影響を与えるかを確認しながら練習します。家族や同僚など、身近な人に協力してもらって練習しておくとよいと思います。特にプログラムとして行わなくても、日常の会話で、ポイントを意識して聴くだけでも練習になります。相手との関係性がより深まっていくことを感じることもできるでしょう。

言葉のペーシングがうまくいくと、この人なら話を聴いてもらいたいという信頼感が生まれます。そして、話をすることで相手の感情は落ち着いていきます。

●アレンジ・応用の方法

バックトラックフレーミングは言葉のペーシングです。このほかのペーシングと組み合わせることで、相乗効果があります。ほかのペーシングとは、呼吸を合わせる呼吸のペーシング、相手の姿勢や仕草をさりげなく合わせる動作のペーシング、プログラムでも行っている、言葉の速度を合わせるペーシング、相手の考え方や価値観を合わせる価値のペーシングなどです。

バックトラックフレーミングを含めたこれらのペーシングで相手に合わせることにより、相手の無意識に安心感と信頼感を届けることができます。

●実践後のフォローアップ

このスキルは、1度体験したからうまくできるというものではありませんので、日々のなかで意識して繰り返すことが必要です。どの言葉を選ぶのか、どのようなタイミングで返すのかが重要ですが、何度も繰り返すことでスキルが身につき、うまく使えるようになります。

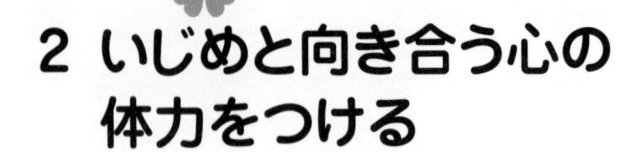

2 いじめと向き合う心の体力をつける

　ここまでは，いじめられた子どもの心をどう落ち着かせるか，また，どう接するかということについて述べてきました。ここからは，いじめられた子ども自身が，いじめと向き合うためにはどうしたらよいか，そのプログラムを紹介します。

●子どもの心をサポートする

　どんなに心が強い人でも，いじめられて平気でいられる人はいません。ましてや感受性が強くナイーブで，感情を外に向けて表現できない子どもは，いじめる相手だけでなくいじめられる自分を「自分がだめな人間だからいじめられるのだ」と責めることもあります。
　いじめられた子どもと，いじめをやめさせるために何ができるのかを一緒に考えることも大切ですが，いじめと向き合うために心の体力をつけることも，心を守るうえで大切な要素です。

●思考をプラスの方向へ変える

　いじめられているその時間もつらいですが，その時間だけが苦しいのではありません。いじめられているときのことを思い出したり，その原因として自分や相手を責めたりと，いじめについて考えている時間も，つらい気持ちは続いています。
　そこで，その思考を止めて，いじめ以外のほかのことに意識を向けたり，不快な感情をつくりだす自分の思い込みを解除したりすることも，心の体力をつけるためで大切な要素となります。

2 いじめと向き合う心の体力をつける
「もう終わったこと」と考える

●概要

　心がはりさけそうで，いまこの瞬間もつらい。そういうつらい思いをする状況が改善されずに続くと，つらさは増していきます。いじめられてつらい思いをしている子どもは，まず，この悪循環を止める必要があります。

　ここでは，プログラムではなく，認知の切りかえを行うことで，受け取り方を変える方法を紹介します。「このことは終わったのだ」と考えることで，現状への認知を切りかえるのです。

●考え方

　つらいときは，「このつらい状態が永遠に続くのではないか」「いつまでも終わらないのではないか」という恐怖と不安があります。この感情は，「いまこの瞬間がつらい」と考える認知によってつくり出されています。

　そこで，無理矢理にでも「このことは終わったことだ」と考えてみます。そうすると，いまのつらい状況は永遠に続くわけではなく，どこかで終わるものだと気づくことができます。

　いじめが続いていることで，思考の悪循環に陥っている子どもには，「このことはもう終わったと考えてみて」とアドバイスします。そして，そう考えることでつらさを軽減できることと，つらいことはずっと続くわけではないことを伝えるのです。

●効果

　この認知の切りかえは，つらい感情が軽減することのほかにも，効果をもたらします。もう1つのメリットは，具体的に未来を想像し行動することで，その夢を本当にかなえることができるように，「終わった」とイメージすることが，実際につらい体験を終息させるのにも役立つことです。

　実際にいじめが続いている場合でも「このことはもう終わったのだ」と認知

を切りかえると、そのイメージにそって行動しますので、実際のつらい状況が変わっていくこともあるのです。

●アレンジと実践エピソード

　思考の悪循環を止めることと同時に、このつらい状況ではなく、「自分の望む状況」はどんなものかを具体的にイメージすると、より効果があります。

　「こんなにつらい状況は、乗りこえられると思えない」と言っていた人に対して、「嘘でもよいから、このことはもう終わったと思うこと。そして、本当に手にしたい、自分が望んでいる状況をイメージしてください。これを何回も繰り返したら、本当に自分がイメージしたようになります」と伝えて、それを実行させました。そのときに、「これは、私自身が本当につらくて自分の心が壊れそうなときに試してみた方法で、とても役に立った方法です」と伝えて、効果を高めるよう配慮しました。

　その人は実行し、この方法が本当に効果を発揮して、つらい状況を改善することができました。その後、「いまでは幸せを手につかむことができました」という年賀状を毎年送ってくれています。

　これは大人に行って効果をあげた例ですが、子どもにも同じように行うことができます。将来について考えさせる手がかりとしては、「夢を実現する方法を考える」（P.103参照）などを行うとよいでしょう。

2 いじめと向き合う心の体力をつける
未完了の想いを完了させる

●概要

いじめられるとその衝撃の大きさに，自分の気持ちを飲み込んでしまい，自分の気持ちと向き合わずため込んでしまうことが多くあります。このプログラムでは，この心にたまった想いを心の外に出す作業をします。

心にたまっている想いを言語化できる場合は，その気持ちを言葉で表現させることが効果的です。具体的には，相手に届けることをイメージして手紙を書き，心の外に想いを出すのです。言語化がむずかしい場合は，自分の気持ちを，紙になぐり描きで気のすむまで表現させます。文字である必要はありません。どちらも心にたまった感情を心の外に出し，心を楽にします。

●プログラムの考え方

この向き合わず抑え込んだ気持ちを「未完了の想い」といいます。相手に自分の気持ちを伝えることが恐ろしいので封印してしまうのですが，そのままにすると，「○○は嫌だったのに」「本当は○○と言いたかった」と，苦しい気持ちを引きずってしまいます。まず，未完了の想いを完了する手伝いをします。

なお，聞いたことや書き出した手紙や絵は守秘義務を守ってその場で廃棄して，あらたないじめの原因をつくらないように配慮します。

●実践エピソード

言葉で気持ちをうまく表現できる人は，少ないのかもしれません。多くの人が，自分の気持ちに気づかなかったり伝えられずにいたりするようです。このもやもやした心をすっきりさせる方法を伝えると，多くの人がとても喜びます。それだけ自分の心の状態に振り回されている人は多いということなのでしょう。

私も，そのときに言えず，あとでもやもや感が大きくなって苦しいときには，この方法を活用しています。相手と対決したり，問題を大きくしたりせず，自分の心のもやもやをすっきりさせられるので，とても役立ちます。

2 いじめと向き合う心の体力をつける

> **ねらい** 👆
> ☆心にたまった不快な感情をすっきりさせる方法を身につける。

時　間	活動内容	留意点・準備物
0：00	【導入】 「心がもやもやしていたり，不快感が強かったりするときに，その気持ちをすっきりさせる方法を試してみましょう」	
10分〜 20分	【言語化できる場合】 (1)**手紙を書く** ①だれかに対していらだっていたり，不快に感じたりしたことを，手紙に書く。 「実際に面と向かってはその人に言えないことでも，言ってみるつもりで手紙に書きましょう。本当には出しませんので，思っていることを正直に書いてみましょう」 ②書きにくい場合は，例を見てイメージするか，別の方法を試してみる。 「例えば，『何でいつもそんなふうに言うのよ。あんなこといわれて，私がどんなに傷ついているかわかる……』という感じです」	・紙，筆記用具
10分〜 20分	(2)**文章を書く** ①だれかに対していらだっていたり，不快に感じたりしたことを，文章に書いていく。 「自分を3人称にして表現します。『そして』を使って文章をどんどん続けていきます」 ②書きにくい場合は，例を見てイメージするか，別の方法を試してみる。 「例えば，『彼女はいまとても怒っている』『なぜなら……』『そして……』という感じです」	・紙，筆記用具

10分〜 20分	**【言語化できない場合】** (3)絵に描く ①だれかに対していらだっていたり，不快に感じたりしたことを，絵に表現する。 「なぐり描きでいいので，思いのたけを紙にぶつけてみましょう。紙を塗りつぶすまで描いたら，次の紙に描き，どんどん新しい紙にかえて描いていきます。心が落ち着くまで続けましょう」 ②紙を取りかえて描き，十分に描いたと感じたら，最後の絵を眺める。 「最後の紙では，穏やかで落ち着いた絵になっていることに気づくでしょう。十分に気が済んだら，最後に描いた絵をながめて，いまの自分の気持ちを感じてください」	・紙，筆記用具（色鉛筆，クレヨンなど） ・着色できる筆記用具があると，表現の幅が広がる。

・手紙　　・文章　　・絵

・表現することで，もやもやした気持ちをすっきりさせる。

●実践のポイント

表現されたものについては，一切評価しません。また，安心して表現できる守られた空間で行うことが大切です。そして，少し離れたところで見守ります。言葉をかけるときは，「苦しかったね」「すっきりした？」など，子どもの心を受容し，共感する言葉をかけます。

●実践時の留意点

この方法は，やり方さえわかれば，心が苦しくなったときに，子どもたちはいつでも自分で行うことができます。

子どもが苦しそうな表情をしているときには，「どれかやってみる？」と声をかける程度にし，無理強いしないことが大切です。このプログラムは，教師の指導にそって行うことではなく，プログラムの手法自体を覚えることが目的です。今後，未完了の想いが生じたときに，「こんな方法もあったな」と思い出し，自分一人でもできるようになることが大切なのです。

また，子ども自身が学校で行いたいと思ったときに，いつでもできるように紙や筆記用具を準備して環境を整えておくとよいでしょう。

2 いじめと向き合う心の体力をつける
自分の状況を見つめ直す

●概要

　私たちの心の状態は，できごとをどのように捉え，どのように考えるかで大きく変わってくるものです。自分の捉え方や考え方は，自分にとってはもっともらしいものなのですが，よく検証してみると正しいとは限りません。

　このプログラムでは，5つの質問を使って，自分に心配や不安をもたらしている考え方を検証し，切りかえながら，自分にとってプラスで前向きになる考え方に変えていきます。

　ワークシートを使って一度納得のいく考え方を導き出し，それを心に深く刻んでおきます。そうすると，不安が生じたときは，いつでもその考え方で修正し，元気になることができます。

●プログラムの考え方

　この方法は米国の心理社会腫瘍学者カール・サイモントンが，がん患者のつらい精神状態を克服するために開発したサイモントン療法を参考にアレンジしたものです。多くの場面で不安や心配ごとを克服するために役立ちます。

　不安や心配ごとが頭から離れないとき，考えないようにしようとしても，気がつくとそのことばかり考えていて，頭から離れないことはだれにでもあります。そんなときに対処法を知っていれば安心して自分の不安と向き合うことができます。

　いじめられていると，ネガティブな考え方が強固になり，不安や心配も大きくなっていきます。この5つの質問を使って，自分の思い込みの産物であるネガティブな考え方が，妥当とは限らないという答えを導き出し，安心を取り戻せるように手伝います。

2 いじめと向き合う心の体力をつける

> **ねらい** 👉
> ☆不安や心配が大きくなったとき，考え方を切りかえる方法を身につける。

時　間	活動内容	留意点・準備物
0:00	【導入】 「不安や心配に感じることが頭の中を占領して苦しくなったり，考えがまとまらなくてイライラしたりすることはあるかな？いまの心配事を整理して見つめ直してみようか」	・紙
0:05 0:20	【サイモントン療法の5つの質問】 ①自分が考えている嫌なことや，それについて浮かんでくる考えをワークシートに書く。 「嫌なことが頭から離れないときは，頭の中で起こっているできごとや，それについて浮かんでくる声を書き出してみよう」 ②書き出したことを見直す。 「全部書けたかな。では，その一つ一つのことがらについて次の質問をしていくよ」 ③質問ワークシートの5つの質問に答える。 「5つの質問のうち，1つでもNOがあるなら，望む結果を手に入れるために考え方を変えてみよう。5つの質問のNOと答えた部分をヒントにして考え方を書き直してみよう。NOがなくても，もっとパワフルに書きかえることもできます」 例）「100％そうなるとは限らないとしたら……いまできることをしよう」 ④うまくいくとしたら，どのような考え方をして，どのような行動をして，どのような結果を手に入れたいか，考えて書き出す。	・質問ワークシート（P.140）

●実践のポイント

　このプログラムは本人の考え方を切りかえていくものですが，考え方はその人にとって大切なものなので，「私だったらこう思うけど……」などと強引に変えようとはしません。

　それよりも考え方の例外を見つけるほうが，効果があります。例えば，「100％そうなると言いきれるかな？」「いじめられた人で幸せになった人はいないと思う？」「……すべきと思っているのは，どうしてかな？そして，それは絶対に必要なことなのかな？」など，質問を使いながら，本人に合理的な考え方を気づかせていきます。

　考え方のパターンが強く，なかなか例外を受け入れられない場合は，いろいろな場面に変えながら，日を改めて繰り返し行うとよいでしょう。考える時間が必要なときもあります。非合理的でネガティブな思い込みについて，本人が納得して考え方を切りかえられるまで，腰をすえてつき合うことが必要となるでしょう。

●アレンジ・応用の方法

　いじめられた場面以外でもこの方法は役に立ちます。

　例えばスポーツの練習や試合でも「相手が強いからと言って100％勝てないわけではない」「相手にできるなら自分にだってできる可能性はある」というように，弱気になった心をより強い心にしていくためにも役立ちます。考え方の切りかえは自分にメリットをもたらすと伝えることが大切です。

質問ワークシート

(1) 嫌（いや）なことが頭から離（はな）れないときは，頭のなかで起こっているできごとや，それについて考えているときに浮（う）かんでくる声を書き出してみましょう。

```
┌─────────────────────────────────────┐
│                                     │
│                                     │
└─────────────────────────────────────┘
```

(2) 書き出せたら，書き出したことをながめてみましょう。そして，それについて次の質問をします。あてはまるものに○をつけてみましょう。

  Q1. その考えは，事実に基づいていますか？（100％そうなるといいきれますか？）　　　　　　　　　　　　　　　　　　　YES・NO

  Q2. その考えは問題解決に役立ちますか？　　　　　　　YES・NO

  Q3. その考えは長期的な目で見て，自分や相手にとって役立ちますか？
　　　　　　　　　　　　　　　　　　　　　　　　　　YES・NO

  Q4. その考えや感情は，相手や自分との関係をよくするのに役立ちますか？　　　　　　　　　　　　　　　　　　　　　　　YES・NO

  Q5. その考えは望ましい結果や気分をもたらしますか？　YES・NO

(3) 5つの質問のうち，1つでもNOがあるなら，望む結果を手に入れるためにもとの考え方を変えてみましょう。5つの質問のNOと答えた部分をヒントにして考え方を書き直してみます。NOがなくても，もっとパワフルに書きかえることもできます。

例）100％そうなるとは限らないのだから……いまできることをしよう

```
┌─────────────────────────────────────┐
│                                     │
│                                     │
└─────────────────────────────────────┘
```

(4) うまくいくとしたら，どのような考え方をして，どのような行動をして，どのような結果を手に入れたいでしょうか。考えて書き出してみましょう。

```
┌─────────────────────────────────────┐
│                                     │
│                                     │
│                                     │
└─────────────────────────────────────┘
```

2 いじめと向き合う心の体力をつける
意識の焦点を変える

●概要

このプログラムでは，質問を使って意識の焦点をいじめから外します。また，少し意識を離すことで，自分のおかれた状況を冷静に見つめ直せます。

いじめられていると，そのことが頭を占領して苦しいものです。つらいことを考える時間が長いと，心がまいってしまいますので，質問を使って意識的に自分の心の状態を切りかえることが役に立ちます。元気になる質問を用意し，質問を使って心の状態をコントロールできるよう，子どもを援助します。

●プログラムの考え方

「コーヒーと紅茶どっちにしますか？」と質問されると，何かしていたり，考えたりしていても，コーヒーと紅茶を選ぶことに意識の焦点が向きます。このように質問をうまく使うと，自然と心の状態を切りかえられます。質問は，投げかけるだけで意識の焦点をかえてくれる効果的な技法の一つです。

その質問を使うことで意識の状態が切りかわり，元気になるなど，パワフルな変化をもたらす質問をパワーアップクエスチョンといいます。この質問を開発した米国のコーチング指導者アンソニー・ロビンズは朝のパワーアップクエスチョンと夜のパワーアップクエスチョンというひな形をつくっていますが，そのひな形を使わなくても，自分にとって元気になるような質問を見つけておくと，自分の心の状態を切りかえることに効果的に活用できます。

●実践エピソード

これまで実践して効果があった質問は，「将来は何になりたい？」「どんなタイプが好き？」「その子に好かれるには，どうしたらよいかな？」でした。

いじめられたと訴えてきたときに，すぐこの質問をすると，気持ちを受け取ってもらえない感じがしてしまいますが，ある程度の雑談ができるようになったら，質問をうまく会話に取り入れ，意識の焦点を切りかえていきます。

2 いじめと向き合う心の体力をつける

> **ねらい**
> ☆質問を使って、心のチャンネルを切りかえ、気分をコントロールできることを理解する。

時　間	活動内容	留意点・準備物
0:00	【導入】 「心の状態はそのときどきで違うし、よいときもあれば悪いときもあるよね。どんな心の状態のときでも元気になる質問があるから、やってみない？」	
0:03 0:13	【パワーアップクエスチョン】 ①質問にどのように答えるかを確認する。 「いまからいくつか質問するので、質問を聞いて、質問の答えが思い浮かんだら合図してください。合図はどういう合図にする？」 ②パワーアップクエスチョンの質問を聞き、答える。 「では質問を始めます」 「（すべての質問が終わってから）質問を聞いてみてどうだった？いまの気分は？」 ③質問には心のチャンネルを切りかえる力があり、質問を使うことで、心を切りかえることもできると知る。 「いまのは例で、自分にとって元気が出る質問を見つけておくと効果的だよ。例えば私なら『今日はだれの力になることができるかな？』と考えると元気になるんだ。○○さんだったら、どんな質問が元気になると感じる？」	・うなずく・手をあげるなど、合図を決める。 ・「パワーアップクエスチョン」ワークシート（P.144） ・シートを参考に質問していく。 ・子どもと一緒に考えてみる。 ・子どもが考えた元気になる質問はメモしておき、最後に渡す。

142

●実践のポイント

パワーアップクエスチョンがあるように,パワーダウンクエスチョンというものもあります。「本当にそれでいいの?」など,もっと不安にさせたり,恐怖を感じさせたりしてしまうのがパワーダウンクエスチョンです。この問いかけは,一見相手を心配しているようですが,いじめなどで心が弱っている場合には,自信の喪失につながります。

私たちは気づかないうちに,パワーダウンする質問をしてしまうことがあります。質問がパワーダウンにつながる内容になっていないか,検証してから使います。

●アレンジ・応用の方法

気に入った質問が見つけられるように「こんなのどう?」と子どもと話しながら,元気が出る質問を一緒に見つけるのもよい方法です。大切なのは,どんな質問で元気が出るかを考える時間を共有することです。

その体験を通して,自分のために向き合ってくれる人がいると思えることが,子どもを勇気づけることにつながります。

子どもが気に入った質問が見つけられたら,メモしておきましょう。「〇〇さんの元気ノート」など,名前をつけたノートをつくってパワーアップクエスチョンを書き込んだり,質問以外にも,心が弱くなったときに使える方法を伝えたりしながら,ノートにまとめておくと,子どもが傷つきをおぼえた際に,解決のリソースとして参照できます。

2 いじめと向き合う心の体力をつける

パワーアップクエスチョン

◆次の質問に答えましょう。

   Q. あなたの好きなものや好きなことは何ですか？
   Q. あなたが得意なことは何ですか？
   Q. あなたがいままでで一番がんばったことは何ですか？
   Q. あなたが誇り(ほこ)に思うことは何ですか？
   Q. あなたにとってワクワクすることは何ですか？
   Q. あなたがいま，感謝していることは何ですか？
   Q. あなたが楽しいと感じることは何ですか？
   Q. あなたの幸せは何ですか？
   Q. あなたのことを大切に思ってくれている人はだれですか？
   Q. あなたが一緒(しょ)にいてうれしくなる人はだれですか？
   Q. あなたがだれかのためにできることは何ですか？
   Q. あなたが，どんな人にでもなれるとしたら，どのようなことを実現してみたいですか？

◆自分が元気になる質問を自由に考えてみましょう。

2 いじめと向き合う心の体力をつける
解決方法を導き出す

●概要

　このプログラムでは，架空の人物からアドバイスをもらうことをイメージさせることで，子ども自身がもっている「いじめを解決する力」を引き出します。想像上の人物からアドバイスをもらうという形式をとることで，できないと決めつけていた力や意識できていなかった力を使えるようになります。

●プログラムの考え方

　このプログラムは「3人の相談者」といい，NLP（神経言語プログラミング）で行われている手法で，自分のもつ力を導き出すものです。子どもが1人で悩んでいるときのサポートに使います。

　子どものなかにはたくさんの悩みを抱えている子どももいます。大人が見るとささいなことでも，子どもにとっては大きな悩みです。人に知られたら何と思われるかが不安で相談できない，また，頭ではこうしたほうがよいとわかっていても，心がついていかないこともあります。弱みを人に見せたくない，心配させたくないなど，さまざま理由で，子どもたちは相談しないのです。

　そんなとき，悩みを人に言わなくても，自分の求めている答えを導き出せます。

●実践エピソード

　「3人の相談者」は，私自身も悩んだときはよく使う方法です。頭でいくら考えても答えが出せない問題でも，この方法を使うと，短時間で，自分で思いもつかない答えを導き出せます。イメージを使うだけで，苦しむことなく，自分でも腑に落ちる答えやメッセージに気づけるのです。

　やり方をマスターすれば，1人でもできるようになります。答えを見つけられず悩んでいる子どもがいたら，「こんな方法もあるけどやってみない？」などと声をかけ，問題解決の糸口を見つけるサポートをします。

2 いじめと向き合う心の体力をつける

> **ねらい**
> ☆悩みを抱えたときの対処法を身につける。

時　間	活動内容	留意点・準備物
0:00	【導入】 「イメージトレーニングで，悩みを解決する方法をやってみましょう」	
0:05	【3人の相談者】 ①部屋の真ん中に椅子を置いて座る。 ②自分の解決したい問題のなかで，だれかの助言を聞いてみたいことを1つ選ぶ。 「その状況を思い浮かべて，そのときの感覚を思い出して感じてください」 ③②でイメージした状況のときの自分が椅子に座っていると想像し，その自分を客観的に見られる場所に移動する。 ④解決したい状況に，適切な助言や応援を与えてくれそうな人を3人選ぶ。 「安心感がもてて尊敬できる対象なら，歴史上の人物，映画やアニメの登場人物，海・山などの自然物，動物など，何でもよいです」 ⑤選んだ3人を，椅子に座っているイメージの自分の周りに配置する。 「イメージの自分の位置に対して，どの位置にいてもらうかを決めましょう」	・椅子 ・実際に部屋のなかで，場所を移動する。

	⑥選んだ3人を配置したそれぞれの場所に行き，その存在に自分がなりきって，自分にメッセージを伝える。 「声の調子やジェスチャーなど，なるべくその存在になりきって言いましょう」 ⑦言葉にならないメッセージを表現する。 「配置したそれぞれの場所に行って，今度は言葉では伝えきれなかったメッセージを，ジェスチャーなどで表現しましょう」 ⑧3つのメッセージの共通点を探す。 「3人からメッセージが伝え終わったら，もう一度客観的な立場の位置に立ちます。3つのメッセージの共通点を見つけ，1つの短いメッセージにしましょう」 ⑨1つにまとめたメッセージを，3人になりきって伝える。 「⑥で見つけた共通のメッセージを，もう一度3人になりきって，それぞれの位置から椅子に座っている自分に伝えます」 ⑩椅子に戻って，メッセージを受け取る。 「最初の自分自身に戻ります。そして，3人の存在をイメージしながら，それぞれからメッセージを受け取ります。そのメッセージが自分の体のなかに広がっていくところを想像しましょう」 ⑪いまの気持ちを確認する。 「最初に選んだ解決したい問題に対して，いまの気持ちはどのように変化しているのか確認しましょう」
0：15	

●実践のポイント

3人の相談者をだれにするか選ぶときに，多くの子どもはだれにするか迷います。「尊敬する人でも，あこがれのヒーローでも，動物でも，山や海などの自然物の何かでもいいよ」と声かけをしながら，子ども自身が何か考えつくようにサポートします。また，言葉以外のメッセージというのも重要なポイントです。子どもが迷っていたら，「何かジェスチャー（動き）などでもいいよ」と何かが浮かんでくるようにアドバイスします。

子どもが何か考えているときは，せかしたり邪魔したりせず，子ども自身が答えを言えるまで待ちます。

●実践時の留意点

このプログラムは，人には知られたくない悩みを取り扱いますので，安全で守られた空間であり，イメージすることに集中できる場所を選びます。指導する教師が悩んでいる内容について理解やアドバイスをしなくても進められるので，相手の悩みや状況を根掘り葉掘り聞こうとはせず，子どものペースで進められるように配慮します。

●実践後のフォローアップ

このプログラムを行ったあとも，子どもの様子や表情をていねいに観察していきます。「最近どう？」というような声かけをしながら，問題が解決したかを探り，必要に応じてバックトラックフレーミングを使って話を聞いたり，夢に焦点が合うよう声かけをしたりするなど，ほかの方法も活用しながら見守りましょう。

3 できごとの印象を変えて乗り越える

●いじめられた記憶がよみがえってくるとき

　いじめを乗り越えるうえで困難なことは，いじめられて苦しかった場面が，繰り返し頭の中によみがえってくることです。強烈な感情体験は，一度でも心に刻まれてしまうので，思い出すたびに，そのときのつらい感情も繰り返されます。

　いじめを受けているときだけではなく，成長してもつらい記憶として引きずってしまうケースも多く，このようなときはどうしたらよいのかという相談を，大人になってからも苦しんでいる方から受けることがあります。ふだんはなるべく忘れるよう，違うことに没頭して考えないようにしているものの，気がつくと頭の中によみがえってきて苦しくなるということです。

●過去の記憶の印象を変える

　このようなときに頭の中に消しゴムのようなものがあって，記憶をリセットしてくれたら，どんなに楽になれるでしょうか。NLP（神経言語プログラミング）に，体験したことの印象を変えたり，記憶を自分の意志でコントロールしたりする手法があります。この方法を活用すれば，苦しさを引きずることなく，つらい印象を断ち切ることに役立ちますので，ここからは，その手法を4つ紹介します。

　どの手法も私自身が実践している方法です。自分がつらいと思ったときは，いつでもこの手法を使ってイメージをコントロールできます。4つのなかから適切な方法を選んで，つらい経験を乗りこえるサポートとして活用します。

●過去の記憶と接するときの留意点

　ここで紹介する方法は，つらい経験を取り扱うものですので，安全で守られた空間が必要となります。また，あまりにも衝撃的な体験で，思い出すことも困難な場合には，これらのプログラムを行うこと自体に抵抗が起こると考えら

3 できごとの印象を変えて乗り越える

れます。その場合は，無理には行いません。

　そのため，これらのプログラムは，慎重に行う必要があります。相手の様子を十分に観察しながら進めます。最初は，4つのプログラムのうち最も抵抗の少ない，P.151の「記憶の構成要素を変える」だけを行ってみるのもよいと思います。そのほかのプログラムについては，「こんな方法もあるけど試してみる？」と簡単に説明して，子ども自身が「やってみたい」と表明できたら試してみます。

　なお，P.163の「過去を乗り越える方法」は，いじめられている過去に戻ってその場をやり直す方法です。いじめられてからしばらく時間が経っても忘れられない，というケースには効果を発揮しますが，いじめが現在も続いている場合や，いじめられてすぐの場合は，つらさを再体験させてしまうことになりますので，効果はありません。その場合は，このプログラムは使用しないでください。

3 できごとの印象を変えて乗り越える
記憶の構成要素を変える

●概要

　人間は五感から情報を構築し，記憶しています。つらい経験や嫌な思い出は，嫌な印象の情報を記憶していますので，この記憶の構成要素を変えるだけでも，記憶の印象が変わり，内的反応や感情も変わります。

　このプログラムでは，教師が子どもに質問をしながら，一緒に構成要素を変えるイメージをします。自分で構成要素を変えられるようになると，つらい印象の記憶がよみがえっても，落ち着いて対処できるようになります。

●プログラムの考え方

　構成要素とは，色，明るさ，距離，大きさ，視点の位置や，角度，声の大きさや，声の高さなどのことです。これらをイメージのなかで自由に動かしてみると，それに応じて記憶の印象も変わるのです。

　例えば，嫌な相手をイメージすると，大抵は自分の上の方にいる感じがします。構成要素を変え，相手は小さくて足の親指の先にいると考えると，相手からの威圧感を軽減できます。自分を場面の傍観者にしたり，声の位置を遠く小さくしたり，高い声に変えたりしても印象は変わります。

●実践エピソード

　私が強烈に嫌だった体験では，相手の目が怖いという印象がありました。そこで，目を意識的にたれ目にしたり，その場面をピンク色がかったセピア色にしたり，相手をマンガのキャラクターに変えたり，話す速度を極端に遅くしたりすると，嫌な感じが消えていくのがわかりました。

　このように，自分が思い出す画像の色・角度・大きさなどの構成要素を変えれば，つらく苦しいものであるという内的反応も変えることができます。

　より安全に行うには，教師が誘導しながら，構成要素を変えるサポートをします。つらいときには，いつでも構成要素を変えられることを教えます。

3 できごとの印象を変えて乗り越える

ねらい 👉
☆思い出したくないほど嫌な体験を乗り越える方法を身につける。

時 間	活動内容	留意点・準備物
0：00	【導入】 「イメージをしながら，嫌な記憶を変えてしまう方法を学びましょう」	
0：05	【うれしかった記憶の構成要素を変える】 ①教師の誘導に従い，目を閉じて，イメージを思い描く。 「まずうれしかった体験で，手順を覚えます」 ②うれしかった体験を思い出し，その体験の構成要素を変化させる。 ・教師の発問にそって，その状況をイメージして答え，要素の変え方とそのときの印象を整理していく。 発問の手順 「まず，視点を変えます。視点は当事者ですか？ 傍観者ですか？ そして，その視点のとき，あなたはどんな感じを受けていますか？」 「視点を逆に変えてみましょう。どんな感じがしますか？」 「では，視点を元に戻しましょう」 「視点という要素を変えたとき，どう感じましたか？ 自分にとっては，どちらの要素のほうが記憶の印象が強いでしょうか」 ・ほかの質問についても，同様の手順で繰り返していく。 「では，色を変えてみます……（略）」 「効果的だと思ったのは，どの方法ですか」 ③構成要素を動かすと，体験は同じでも，印象が変わることを確認する。 「つらかった体験にこれを応用してみよう」	・「構成要素チェック表」（P. 162） ・チェック表は教師が記入する。 ・質問は，答える子どものペースに合わせて進めていく。
0：20	【つらい記憶の構成要素を変える】 ①構成要素を変えたいつらい記憶を選び，思い	

152

	出す。 「頭に何度も繰り返されてしまう場面などを思い浮かべて，そのなかの構成要素を意図的に動かします」 ②構成要素を変える質問をもう1度行う。 「どの構成要素を変えることが自分にとって効果的だったか覚えておきましょう」 ③記憶の構成要素を動かすと，自分の内面でどのような変化が起きるかを確認する。 「記憶の構成要素を動かすことで，その記憶の印象が変わり，自分の内部反応が変わることを確認できましたか」 ④どの構成要素を使ったときが，効果的に印象を変えることができたかを考える。 「次に思い出したときには，どのように構成要素を変えるかを決めておこうと思います。どの部分を変えますか」	・このとき，つらい記憶に戻ることがダメージにつながることもあるので，「構成要素を変えたあと元に戻る」部分は省略してもよい。
0：40 0：45	【まとめ】 「今後，もしつらい記憶を思い出してしまったとき，どうなっているかを想像して確かめてみましょう」	・「楽になれる」「大丈夫だと思える」「安心感がある」という肯定的な感覚を確かめられたら終わる。

3 できごとの印象を変えて乗り越える

●実践のポイント

　構成要素を変えることがどういうことなのかを理解するためには，つらい体験よりもうれしかったほかの体験から始めるとよいと思います。そして，記憶の構成要素を変えると，どのようにつらい気持ちを軽減できそうか，イメージしてからつらい体験を取り扱います。これにより，プログラムへの抵抗が弱まって，より効果をもたらすことができます。

●アレンジ・応用の方法

　次に紹介する2つのプログラムは，この構成要素を変える発展形です。子ども自身にやってみたいという意欲があれば，次の方法にも取り組んでみるとよいでしょう。ただし，無理に行う必要はありません。このプログラムだけでも，いじめられた体験の印象はかなり変えられます。子どものペースに合わせ，つらい印象を変えるのに必要であれば，ほかのプログラムも行います。

●実践後のフォローアップ

　構成要素を変えることは，つらい体験を乗りこえるのに役立つだけでなく，うれしかった体験を強化するのにも役立ちます。スキルを身につけるためにも，いろいろな体験で繰り返し試してみることをおすすめします。ちょっとした嫌なことを取り扱ったり，いままで生きてきたなかで一番うれしかったことを，よりうれしく心にやきつけたりして，心の体力をつけていくとよいでしょう。

3 できごとの印象を変えて乗り越える
逆さ回しの方法

●概要

この方法は，記憶の構成要素を変えるプログラムをアレンジしたものです。

記憶の構成要素では，要素を変える作業のみを行いましたが，このプログラムでは，できごとをビデオの巻き戻しのように逆さ回しにしていきます。また，笑ってしまうような効果音を加え，相手をアニメのキャラクターなどに差しかえます。

記憶を逆回転させたり，こっけいなものに差しかえたりすることで，記憶と向き合う恐怖感を軽減するのです。

●プログラムの考え方

このプログラムは，NLP（神経言語プログラミング）で行われている「恐怖症の迅速治療」をアレンジしたものです。認知を変えながらつらさを取り除くことができるパワフルな方法です。

この方法を使うと，つらかった体験や，いまでも心に残る恐怖を，別のものに差しかえて，つらくも恐ろしくもないものに置きかえられます。

●実践エピソード

どんなものに変えるのかというと，子どもがよく知っているアニメのキャラクターなどがよいと思います。私は，「バカ殿」や「メデューサ」が浮かんできて，相手をこれに差しかえた途端に怖くなくなりました。

いじめではなくても，けんかをしたり，ひどいことを言われたり，失敗してしまったりと，不快な感情を引きずるできごとは，日常でもたびたび起こります。そのようなときにも，この方法を使って乗り越えていくことができます。

3 できごとの印象を変えて乗り越える

> **ねらい**
> ☆思い出したくないほど嫌な思い出を，逆さ回しにしたり，別のものに差しかえたりして対処する方法を身につける。

時　間	活動内容	留意点・準備物
0：00	【導入】 「嫌な思い出のなかの要素を別のものに差しかえて，嫌な印象を変えてしまう方法を覚えましょう」	
0：05	【逆さ回しの方法】 ①教師の誘導にしたがって，イメージする。 ②印象を変えたいできごとを，1つ選ぶ。 「まず，映画館の椅子に座ったところをイメージします。スクリーンに，できごとの始まりの場面を映し出します」 ③映画館の椅子に座っている自分の体はその椅子に残したまま，自分の意識だけが後ろにある映写室に入って，映写室の椅子に座っているところをイメージする。 「映写室の分厚い窓から，下のほうに映画館の椅子に座っている自分の背中ごしに，その奥のスクリーンを見てください」 ④映写室からスクリーンの映像を見ているところをイメージする。 「その状態のまま，スクリーンの色を白黒にします。できごとの最初のシーンから終わりのシーンまでを映写室の窓から映画館のスクリーンに映し出して見ていきます」 ⑤最後の場面で映像を止め，自分がそのスクリーンの映像に入ったところをイメージする。 ⑥逆さ回しにするときの効果音を決める。 「これからそのシーンを逆さ回しにしていきます。2秒くらいの速さで，面白い効果音を口ずさみながら逆さまわしにします」 「面白い効果音は自分で好きに決めていいで	・手順が複雑なので，黒板などにイラスト（右図参照）を書いて説明する。 ・なるべく間のぬけた響きの方が効果的。

	す。効果音とは例えば、『ふぁっふぁっふぁっふぁ〜ん』などです。どのような効果音にしましょうか」 ⑦効果音を口ずさみながら、イメージの映像を逆さ回しにする。 「では一緒に声を出しながら逆さ回しにしてみましょう」	「せーの、○○」などと声をかけながら一緒に行う。
0：25 0：40	【逆さ回しの方法を振り返り、繰り返す】 ①深呼吸したり、近くにあるものを見たりして、気持ちを切りかえる。 ②もう１度プログラムを続けられる気分なら、⑦を４〜５回繰り返す。 ③逆さ回しにするときに、嫌な印象を受ける相手を別のものに差しかえる。 「相手をアニメのキャラクターやこっけいなものに差しかえたいと思います。何に差しかえてみましょうか」 ④差しかえた映像を逆さ回しにする。 「嫌な印象はどうなりましたか」 ⑤嫌な思い出は、この方法で対処できることを確認する。 「嫌な思い出を思い出して苦しいときは、いつでもこのように対処できます」	・いまの気分を確認する。 ・嫌な印象が少し薄まれば成功。

●劇場
●映写室
・自分の体
・自分の意識
・教師の誘導に従って、イメージを進める。

●実践のポイント

差しかえるものは、その子の知っているキャラクターにちなんでもよいのですが、教師からいくつかレパートリーを提供できるとスムーズに行えます。また、効果音もまぬけな感じで思わず笑ってしまうもののほうが、嫌な印象を和らげることができます。これも、面白い効果音を子どもと一緒に考え、子どもの考えを引き出すことがポイントです。

●実践後のフォローアップ

子どもには、嫌な思い出が頭に浮かんできたときは、いつでもこの方法を使うことができることを伝えます。また、最初は体験から距離を取ったり、分厚いガラス越しにしたりすることで心を守ります。慣れてきて、自分だけで行うときは、逆さ回しやキャラクターへの差しかえなど、構成要素のみを変えるだけでも効果があることも伝えるとよいでしょう。

なお、構成要素を変える方法を身につければ、いまの苦しさは軽減できますが、いじめられている現実の人間関係が変わるわけではありません。子どもの様子はつねに観察し、構成要素を変えるだけでは、ストレスや問題解決につながっていないと判断したら、「解決方法を導き出す」（P.145参照）など、具体的な問題解決の手助けをするなど、状況に応じて援助を行います。

3 できごとの印象を変えて乗り越える
嫌な思い出の消去法

● 概要

　この方法は，記憶の構成要素を変えるプログラムをアレンジしたものです。このプログラムでは嫌な思い出を消すイメージを積むことで，つらい記憶を乗り越えます。

　スクリーンをイメージして，嫌な体験をスクリーンに映し出すところをイメージします。そのスクリーンの位置をだんだん遠ざけて小さくしていき，1cm四方くらいの大きさになったら，その小さなスクリーンを踏みつぶしたり，パソコンで削除するように消してしまったりと，自分に合った方法でイメージのなかの記憶を消去していくのです。

● プログラムの考え方

　記憶は，そのなかにどっぷりと入り込んでしまうと，つらい記憶などがよみがえってきて恐ろしいものですが，構成要素を変え，傍観者となって小さくしてしまえばそれほど恐ろしいとは感じなくなります。

　けれど，なかには自分にとってつら過ぎるできごとで，消し去ってリセットしてしまいたい思い出もあります。その場合は，このプログラムを行い，自分の納得のいく方法で頭のなかから消し去れるよう，援助していきます。

　「過去は消せない」と苦しむのではなく，「過去の思い出は消し去ることができる」というビリーフに切りかえることができれば，苦しみから解放され，楽になることができます。

3 できごとの印象を変えて乗り越える

> **ねらい**
> ☆思い出したくないほど嫌な思い出を消去する方法を身につける。

時　間	活動内容	留意点・準備物
0：00	【導入】 「嫌な思い出を消去してしまう方法を覚えましょう」	
0：05 0：25	【嫌な思い出の消去法】 ①正面にスクリーンがあり，座ってスクリーンを見ているところをイメージする。 「目の前にあるスクリーンに，嫌な思い出の場面が始まるところで映像を止めます」 ②嫌な思い出が映っているスクリーンを，自分から遠ざけるところをイメージする。 「スクリーンが遠ざかっていくところをイメージしても，自分が椅子から立って，スクリーンから離れていってもいいです」 ③スクリーンが小さくなったところをイメージし，スクリーンを消去する。 「消去する方法は，イメージで小さくなったスクリーンを踏みつぶしても，燃やしても，真っ黒にぬりつぶして後ろに投げ捨てても，パソコンの削除のようにごみ箱に入れるところをイメージしてもよいです。自分に合っているな，と思える方法を選びましょう。自分の選んだ方法を使って，実際に消去するところをイメージします」 ④嫌な思い出は消去されたことを確認する。 「もし，万が一思い出しても，また同じ方法を使えばいつでも消去できます」	・うまくイメージできないときは，目を閉じるなどして集中させるとよい。

●実践時の留意点

　つらい体験を思い出すプロセスがありますので，だれも出入りしないカウンセリングルームや鍵のかけられる特別教室など，プライバシーが守られ，安全でリラックスできる空間で行うことが大切です。プログラムを行っている間はだれにも邪魔されず，集中できる場所を選びます。

　また，つらい体験を思い出すので，始まる前に深呼吸をしたり，雑談などで気分を和らげたり，少しリラックスさせてから行うとよいでしょう。

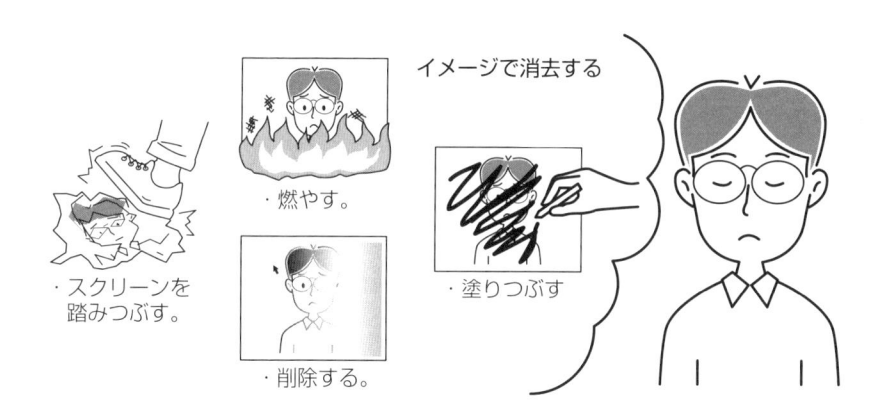

イメージで消去する

・スクリーンを踏みつぶす。

・燃やす。

・削除する。

・塗りつぶす

161

3 できごとの印象を変えて乗り越える

構成要素チェック表

	うれしかった記憶	効果	つらかった記憶	効果
視点 (当事者・傍観者)				
色 (カラー・白黒・カラーフィルター)				
明るさ (明るく・暗く)				
相手との距離 (近づける・遠ざける)				
見えている位置 (高くする・低くする)				
大きさ (大きくする・小さくする)				
動き (動きを止める・動きをつける)				
動く速さ (動きを早める・動きを遅くする・動きをコマ送りにする)				
音量 (大きくする・小さくする)				
音の高さ (高くする・低くする)				
音のする位置 (近くする・遠くする)				
角度 (目の角度などを変えてみる)				
その他				

効果的に作用した構成要素はどれなのか，効果の欄に記録します。

3 できごとの印象を変えて乗り越える
過去を乗り越える方法

●実践時の留意点

このプログラムは、いじめられた過去が、時間が経った現在でも何らかの形で自分に制限を与えているときに、過去の体験の印象を変え、いまをのびのびと生きていくための援助として効果を発揮する方法です。

そのため、いじめから時間が経っているケースに使います。いじめられた直後や、いじめが強烈な体験の場合は、タイムライン上でもいじめられたときには戻らないほうが適切です。その場合は、「記憶の構成要素を変える」(P.151)などの安全な別の方法を試します。

●概要と考え方

人間は時間という概念をもって生きています。タイムラインという方法は、この「時間」を1本の線に見立て、線を戻りながらイメージの世界で過去に戻ります。そして、いじめられた過去の体験をイメージのなかでやり直し、過去の経験の印象を変え、いじめられた体験を乗りこえる方法です。

この方法は、実際にラインの上を移動しながら過去に戻り、過去に戻ったらラインから外れて、そのときの自分を客観的に見て、必要だった力やスキルを見つけます。最後に、そのスキルをもってライン上に戻り、望む結果を手に入れるようにやり直します。このプロセスによって、つらかった過去を望んでいた結果に書きかえるのです。タイムラインを体験すると、過去の体験は自分のなかの無意識に影響を与えていることがわかります。過去の記憶を修正すると、いまの自分の心の状態も変えることができるのです。

「あのときどんな知恵があれば、どんな行動が取れれば、つらい体験にならずにすんだのか。いまならわかるけど、そのときの自分にとっては、そのときの行動が精一杯だった。けれど、タイムラインを使えば、いまの自分の知恵や行動で、過去の自分を助けられる」と考えます。いじめに限らず、後悔したり思い出に苦しめられたりしている、あらゆる場面に活用できます。

3 できごとの印象を変えて乗り越える

> **ねらい** 👉
> ☆過去のつらい体験を乗り越える。
> ☆過去のとらわれから自分を解放する。

時　間	活動内容	留意点・準備物
0:00	【タイムライン】 ①自分が立った位置から進行方向の前後にまっすぐ伸びる線をイメージする。 「この線は，前方が，これから起こる未来です。後方がこれまでの過去です。いま立っている場所が現在です。一歩前に進んで未来に進むことも，一歩下って過去へ戻ることもできます。いつでも現在に戻れます」 ②タイムラインを後ろに下がりながら，いじめられたときの体験に戻る。 「それはいつごろのできごとで，周りにはだれがいて，どんな体験でしたか」 ③体験を思い出したらすぐに，自分のタイムラインから外れて，離れたところからそのときの自分の体験を眺めてみる。 ④現在の自分から見て，そのときの自分はどんな状態であってほしいと考えていたかを振り返り，当時の自分が本当に希望していたことは何かを確認する。 ⑤問題（いじめ）が起きずに終わるためは，当時の自分に，どんな能力や行動が必要だったかを考える。 「例えば『相手と話し合って和解する力』『嫌だとはっきり伝えて逃げる力』などです」 ⑥ほしかった能力をイメージして，タイムラインに戻る。 「いま見つけた必要な力を，あなたはもっています。そしてその力をもってタイムライン上にいる，過去の自分に戻ります。その力をもった状態で，そのとき体験したことを確認してみましょう。どのような感じがしますか」	・タイムラインを行う場所を確保する。動きを伴うので，自分の前と後ろに空間がとれるところで行う。 ・ラインから外れて傍観者としてできごとを見るように声をかける。

	⑦⑥で感じた気持ちをもったまま，現在の位置まで戻る。 「いま，どんな気持ちですか？」 ⑧未来に進みながら，これから先のある場面での自分を具体的にイメージする。 「そのときの自分は，どのように振る舞っているかを確認しましょう」
0：40	⑨移動を終えて，いま，どのような感じがしているかを確認する。

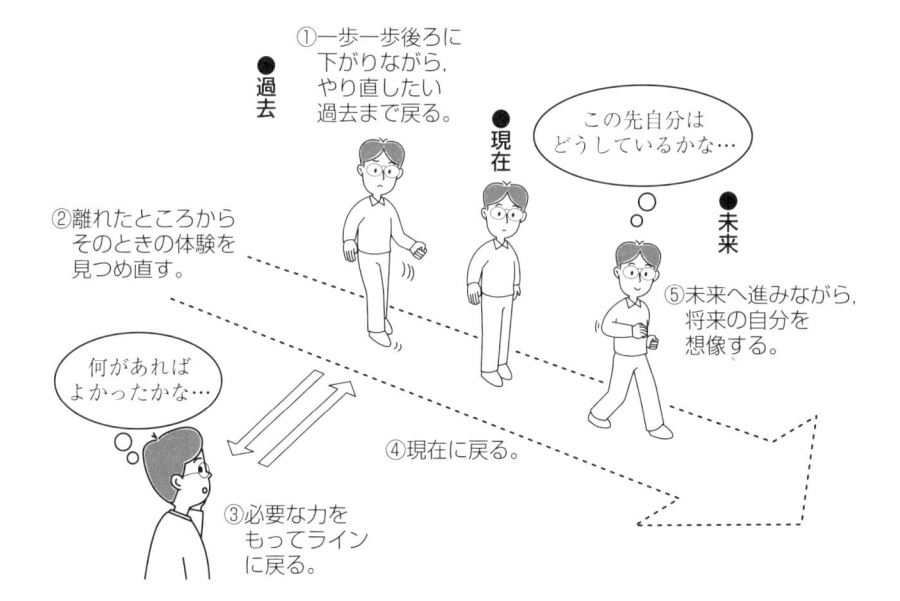

①一歩一歩後ろに下がりながら，やり直したい過去まで戻る。

● 過去　● 現在　● 未来

この先自分はどうしているかな…

②離れたところからそのときの体験を見つめ直す。

⑤未来へ進みながら，将来の自分を想像する。

何があればよかったかな…

④現在に戻る。

③必要な力をもってラインに戻る。

3 できごとの印象を変えて乗り越える

● **実践のポイント**

　体験は変えられなくても，タイムラインを効果的に使うことで，体験に関する自分のとらわれや思い込みを変化させることはできます。このプログラムは，過去の体験をイメージのなかでやり直すことで，思い込みや過去へのとらわれから解放します。

　大切なのは後悔を引きずることではなく，いま現在「自分は大丈夫である」と思える感覚です。タイムラインでサポートしながら，つらい体験を乗りこえる援助をします。

● **実践時の留意点**

　動きを伴い，空間を広く使うので，場所を広く使える教室を選びます。カウンセリングルームでもいいですし，放課後のだれもいない教室や特別教室などでよいと思います。広さは前後に 7 〜 8 m，幅は 3 m 程度のスペースを確保します。それから，援助する人は，安心感をもてるようにサポートすることを心がけ，子どもが安心して過去に戻り，その体験を思いどおりにやり直せるようにサポートします。なお，過去に戻ったら，早い時点でラインから外れることを忘れないようにします。

終わりに

子どもたちが
本当に望んでいるもの

子どもたちが本当に望んでいるもの

●子どもが本当に望んでいるものは

「何でもかなうとしたら，どのような世の中にしたいですか？」
「何でもかなうとしたら，相手とどのような関係を築きたいですか？」

　私たち人間には，複雑な感情があります。怒り，悲しみ，嫉妬心，劣等感，嫌悪感，恥，不安，心配などもありますし，イライラしたり，ムシャクシャしたり，ときには人に八つ当たりしたくなったり，人を許せなくなって責めてしまったり，本意でなくても人を傷つけたりしてしまうこともあります。

　そのような感情の裏には，「本当は○○をしたかった（してほしかった）」という期待や欲求があって，もっと認められたかったり，愛され必要とされていることを確認したかったり，関心をもってほしいと思っていたりするのです。

　子どもたちも同じです。プログラムのなかで，「本当に求めているものは？」という質問をしたところ，多くの子どもたちが，「尊敬される自分になりたい」「信頼される自分になりたい」という答えを書いていました。本当に手に入れたいものは，お金では買えない，目に見えないものだと考えていることがわかります。

●子どもたちに「大切なことは何か」を伝えたい

　子どもたちには，感情に振り回されて他人や自分を傷つけるのではなく，自分が求めている大切なものに気づいてほしいと思っています。そして，いろいろな感情を抱いている自分さえも受け入れながら，自分を愛し，自分を許し，相手を許し，相手を愛せるようになってほしいと思います。

　とは言うものの，やはり，何らかのヒントがなければ，なかなか子ども自身が自分だけで大切なことに気づくことはむずかしいものだと思います。適切なヒントを与え，子どもたちが自分で大切なことは何かに気づけるように，本書

で紹介したプログラムを活用していただければ幸いです。

　生きていく限りは，争いはなくなることはないのかもしれません。人間になる以前から，生物は争いを勝ち抜いて生き残ってきた歴史があるからです。

　けれど，人間だからこそ，心について考え，学び，精神的な成長をとげ，本当に求めている生き方や人間関係を自らの力で手にしていくことができるのだとも思います。私たちは，どのような状況にあろうとも，自らの意思で自分の思考・行動・感情を軌道修正しながら，生きていく力があります。本当に求めている関係，人に認められ，愛され，人を愛し，認め合う人間関係を手にすることができるようにサポートしたいと思います。

●愛情という心の栄養をすべての子どもたちに

　5年生の女子に，「何でもかなうとしたら何をかなえたい？」と聞いたことがあります。彼女は，世界中をお花畑にしたいと言って，彼女が望んでいるお花畑の絵を描いてくれました。それを見て，私は心の底から感動し，涙が出てきました。彼女が描いたお花畑は，1本1本がとても独創的で，願いに満ちあふれているのです。彼女が描いたなかには，仲よしの花がありました。そのほかにも海の花や夢の花，おしゃれの花などがありました。どの花も素晴らしかったのですが，最後に彼女が描き入れたものは，大きくて優しく微笑む太陽でした。その太陽から，恵みの光がどの花にも差し込み，十分にいきわたるように，最後まで恵みの光をそれぞれの花に向かって描いていました。

　私はこの絵を見ながら，この子どもだけでなく，きっと多くの人たちの願いはこの絵に集約されているのではないだろうかと思いました。

　私たち大人が子どもたちのためにできることは，この太陽のように，愛情や関心という恵みの光を，1本1本それぞれが個性的ですばらしい花である子どもたちに注ぐことなのではないでしょうか。それは，いじめなくてもすむ心の状態でいられる環

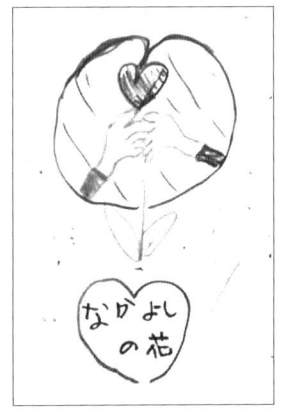

境を整えることであり，嫌なことがあったとしても乗り越えていける力があることを信じ，心の栄養を与えることであると思います。

　すばらしい夢をもち，自分は夢を実現できるすばらしい存在だと信じて，夢に向かって突き進んでいくとき，子どもたちの心はたくましく成長していきます。そのような状態をつくりあげていくことができるのも教育のすばらしいところでもあります。

『社会の荒波をもこえていけるパワーと心のスキルを子どもたちに』

　この願いが多くの皆様の手によって，もっと多くの子どもたちに伝えられ，実現されることを祈っています。

ナリオ・タイムマシントラベル

　いまから，タイムマシンに乗って「自分の夢が実現した未来」を見にいきます。「将来実現したいことベスト10」（P.117参照）に書いた実現したい夢のなかから，一番実現したいものをひとつ選んでください。そして，その夢が実現しているのは何年後でしょうか。何年何月何日何時ごろのどこに飛んでいくのかをまず決めて，ワークシートに記入しましょう。

　それでは，いまからタイムマシンに乗って，みなさんの夢が実現した未来に飛んでいきましょう。タイムマシンに乗り込んでシートベルトを締めて，発車します。ブルルル……。
　どんどん飛んでいくと，皆さんの夢が実現した未来が見えてきました。
　そこには何が見えているでしょうか。（間）だれといるでしょうか。（間）服装はどのような服装でしょうか？（間）何か聞こえてくる音はありますか？（間）何か話をしていたら，どのようなことを話しているでしょうか。（間）体の感じはどのように感じていますか？（間）しばらくの間，その世界を十分に感じてください。

　では，夢を実現させた未来の自分から，いま現在の自分に何かメッセージをもらいましょう。夢を実現した自分は，いまの自分に何と言っていますか？

　次は時間を少し手前に引っ張ります。いま，5年後に飛んでいるのなら，少し手前の3年後に引っ張ります。何年手前に戻りますか。
　決めたら，少しだけ時間をさかのぼってみましょう。そのときの自分は，夢を実現させるためにどのようなことをしていますか。

　では，そろそろ未来の旅を終わりにして，いま，この教室に戻ってきます。
　いま見てきた未来を忘れないうちにワークシートに記入しましょう。夢が実現した未来には何が見えて，何が聞こえて，何を感じたのかを書いてください。
　夢が実現した未来の自分は，何というメッセージを伝えてくれたでしょうか。
　夢を実現する前は，夢を実現するためにどんなことをしていたでしょうか。
　ワークシートの質問項目にしたがって記入していきましょう。

あとがき

　本書を手にし，読んでいただいた読者の皆様に感謝したいと思います。最後まで読んでいただきましてありがとうございました。

　この場を借りて，お世話になった方々に感謝したいと思います。

　私自身が，対人関係によってひどく傷つき，生きていくのもつらいと感じていたときに，出会い助けてくださった社会産業教育研究所の岡野嘉宏先生，本当にありがとうございました。岡野先生が教えてくださった心理学にどれほど助けられていまがあるのかと思うと，いくら感謝しても足りない想いです。その感謝の気持ちと，もっと多くのいじめに悩む人たちに届けたくて，本書を書きました。私は心理学に出会って，先の見えない真っ暗な闇の中に希望の光が差し込んだと感じました。私だけでなくもっと多くの人たちに希望の光が見えることを祈っています。

　そして，大学院の授業のなかで，いじめに対して取り組むきっかけをつくってくださいました千葉大学大学院教授の上杉賢士先生，実際に野球のメンタルトレーニングの実践をする機会をくださいました近藤義男先生，もっと多くの人を効果的にサポートできる方法はないかと模索していたときに，NLPという手法を指導していただきました鈴木信市先生にも感謝しています。

　また，いじめについての悩みを語ってくれた多くの子どもたちや先生方，それぞれの教育現場で活躍される先生方の効果的な指導法についてのお話があったからこそ，この本を書くことができました。本当にありがとうございました。

　本を書くことを応援してくれた家族と友人にも感謝しています。ありがとうございました。

　最後に，この本の企画を通して本というかたちで世の中に届けてくださいました図書文化の牧野希世さん，短い期間で見やすい本に仕上がるようにていねいに編集していただきましたことに心から感謝しています。ありがとうございました。

2007年3月

加藤史子

■著者紹介

加藤史子（かとう・ふみこ）

メンタルトレーナー，千葉県中学生野球連盟特別講師。
筑波大学体育専門学群卒，千葉大学大学院教育学学校教育臨床修了。現在は，企業内研修講師，学校内研修講師として，子ども，親，教師へのサイコエジュケーションを行う。特に，子どもたちのいじめをやめさせたいという想いから，全国の学校を回り子どもたち向けの心の授業や講演活動などを行っている。著書に，『メンタルトレーニングで部活が変わる』『メンタルトレーニングで受験に克つ』（共に図書文化）がある。ベースボールマガジン社ジュニア指導者向け雑誌「Hit & Run」に「小・中学生プレーヤーのためのメンタルトレーニング即効プログラム『心 鍛えてますか？』」隔月連載。ビデオ・DVD「野球少年・指導者のための『心を鍛える！メンタルトレーニング』」（ジャパンライム株式会社）。

加藤史子公式HP「こころ元気ネット」
http://www.kokoro-genki.net/

メンタルトレーニングでいじめをなくす
教室・相談室での対処＆予防プログラム

2007年5月1日　初版第1刷発行　［検印省略］

著　　者	加藤史子ⓒ
発 行 人	工藤展平
発 行 所	株式会社　図書文化社
	〒112-0012　東京都文京区大塚3-2-1
	TEL. 03-3943-2511　　FAX. 03-3943-2519
	振替　00160-7-67697
	http://www.toshobunka.co.jp/
装幀・イラスト	株式会社　加藤文明社印刷所
印 刷 所	株式会社　加藤文明社印刷所
製 本 所	笠原製本　株式会社

Ⓡ本書の全部または一部を無断で複写複製（コピー）することは，著作権法上での例外を除き，禁じられています。本書からの複写を希望される場合は，日本複写権センター（03-3401-2382）にご連絡下さい。

乱丁・落丁本の場合はお取り替えいたします。
ISBN978-4-8100-7491-8　C3037
定価はカバーに表示してあります。

キレずに，ストレスをバネにできる子を育てる，予防開発的な教育

こころを育てる授業

ベスト17〔小学校〕 ベスト22〔中学校〕

育てるカウンセリングを生かした道徳・特活・総合・教科の実践

諸富 祥彦（明治大学文学部助教授）編集

- 小学校編　B5判／200頁　本体2,500円
- 中学校編　B5判／240頁　本体2,700円

感性を揺さぶり，ジワジワとこころを育てる，珠玉の実践集。
単元計画・指導案・ワークシートでわかりやすく解説。

必見！ 明石要一氏・天笠茂氏（以上中学編），上杉賢士氏・藤川大祐氏（以上小学編）と編者の鼎談「こころを育てる授業のポイント」。

いのちの重み
思いやりを
実感する授業

小学校編の実践より

自分を深める・他者とかかわる　実感と感動と生命の授業／「価値の明確化」で友達関係を考える／ホリスティック教育でこころを深める／「こころのダム理論」でストレスコーピング!!／解決思考アプローチで「こころの虫退治」　**郷土や環境を大切にする**　達人教師の郷土愛の授業／コンセンサス学習を生かした環境教育　**将来の夢をふくらませる**　キャリアエデュケーションは小学生から　**身の回りの問題に取り組む**　楽しい食育で自律心が育つ／企業人に学ぶ利他的な夢／毎日のクラス会議でこころが育つ

中学校編の実践より

自分をみつめる　「畏敬の念」をイメージで体感する理科の授業／やわらかい内観で育てる感謝と思いやりのこころ／「愛のメール」で励まし合える人間関係づくり　**夢を育てる**　ソーシャルスキルとエンカウンターを生かした職場体験学習／ポートフォリオで育む夢と自信　**学級風土・学校風土**　全員参加型の生徒会活動で育てる自治能力／いじめ・言葉の暴力をなくす「学級評価20項目」の取組み　**自己主張**　アサーショントレーニングによる自分も相手も大切にする表現　**家族と生命**　プレパパ・プレママ体験プロジェクトによる生と性の教育

図書文化

※本体には別途消費税がかかります

スポーツを通して心をきたえ「なりたい自分」に近づくサイコエジュケーション

メンタルトレーニングで部活が変わる

試合に勝つ！ 自分に勝つ！ 人生に勝つ！

上杉賢士［監修］　加藤史子［著］
Ａ５判 120頁　本体1,600円

いつでも，どこでも，だれでも，簡単に使える心のトレーニング。部活動に取り組みながら，目に見えない何かを模索している子どもたちが，自分の求めている何かを見つけるために。

本書の特色
○練習の成果を実戦で発揮できるようになる。
○部活を教育の場として，生徒の将来を見通した心を育てる。
○30のトレーニングをイラスト入りで紹介。使い方も自由自在。

こんなときこそメンタルトレーニング！
○大事な試合の前に。
○新年度のオリエンテーションで。
○部をやる気に満ちた雰囲気にしたいとき。
○毎日の練習を計画的に進めたい。
○練習量の割には結果がついてこないとき。

■内容紹介
第１章　なぜメンタルトレーニングか
第２章　メンタルトレーニングとは
第３章　実践「メントレ体験」
　　　　Part1 気持ちの大切さに気づく！／Part2 未来を意識化する！／
　　　　Part3 練習の効果を上げる！／Part4 緊張を克服して実力発揮！
第４章　実践プログラム
第５章　生徒たちの声
第６章　メンタルトレーニングを活用するには
第７章　メンタルトレーニングで心を育てる

図書文化

※本体には別途消費税がかかります

がんばるだけでは受からない！

心を強くすることで「なりたい自分」を手に入れる！
メンタルトレーニングで受験に克つ

緊張に克つ
不安に克つ
ストレスに克つ

mental training

加藤 史子（メンタルトレーナー）著

A5判／120頁／本体 **1,200**円

なりたい自分を見定めて毎日の努力が楽しくなる，プランづくりやスランプ脱出法。すぐに使える進路指導の教材，生徒が読んで体験できる参考書として最適。

受験本番に効く「心のスキル」

22のメンタルトレーニングをイラストと図解でわかりやすく解説！

本番で緊張をほぐす「呼吸法」

ス〜

おなかをふくらませながら深くゆっくり鼻から吸う

ハ〜

「ハー」の口の形で息を吐く

心と身体はつながっているので、呼吸で緊張をコントロールできるよ。

本番で実力を100％発揮するメントレ／勉強がメキメキはかどるメントレ／もやもやを打ち砕くメントレ／やりたいことをみつけるメントレ（目次より）

図書文化

※本体には別途消費税がかかります